Bonner Studien zum globalen Wandel

Bonner Studien zum globalen Wandel

Herausgegeben von
Prof. Dr. Wolfram Hilz

Band 12

Simon Falke

Frieden am Zaun?

Israels Sicherheitskultur und die Abgrenzung zum Westjordanland

Tectum Verlag

Simon Falke

Frieden am Zaun?
Israels Sicherheitskultur und die Abgrenzung zum Westjordanland
Bonner Studien zum globalen Wandel
Herausgegeben von
Band 12
ISBN: 978-3-8288-2733-2
ISSN: 1869-7186
Umschlagabbildung: © Simon Falke
© Tectum Verlag Marburg, 2011

Besuchen Sie uns im Internet
www.tectum-verlag.de

Bibliografische Informationen der Deutschen Nationalbibliothek
Die Deutsche Nationalbibliothek verzeichnet diese Publikation in der Deutschen Nationalbibliografie; detaillierte bibliografische Angaben sind im Internet über http://dnb.ddb.de abrufbar.

Vorwort des Herausgebers

Während in der internationalen Diskussion um Frieden im Nahen Osten die Frage nach einer vertraglichen Vereinbarung im Konflikt zwischen Israelis und Palästinensern im Mittelpunkt steht, ist das primäre Anliegen der jüdischen Bevölkerung etwas anderes: Seit Beginn der Wiederansiedlung auf dem Gebiet Palästinas Ende des 19. Jahrhunderts geht es um ein sicheres Leben in einem arabisch geprägten Umfeld. So galt der Kampf um angemessene Rechte während der Mandatszeit des Völkerbundes ebenso der Verwirklichung einer gesicherten Existenz der Juden wie das militärische Ringen Israels mit seinen Nachbarn in der Folge der Staatsgründung 1948. Nach der Schaffung territorialer Puffer seit den 1960er Jahren stellt die Errichtung einer physischen Trennbarriere zwischen dem israelischen Kernland und den besetzten Gebieten die jüngste Spielart dieses jüdisch-israelischen Sicherheitsstrebens dar.

Hier setzt Simon Falkes Analyse an, mit der er den tiefer liegenden Ursachen des israelischen Sicherheitsbedürfnisses nachgeht. Der Trennungszaun spielt hierbei sowohl als politische Analysekategorie als auch als mögliches metaphorisches Spiegelbild der israelischen Gesellschaft und ihrer spezifischen Kultur eine Rolle. Diese wurde frühzeitig und nachhaltig durch die geistigen Väter der Abgrenzungsmentalität und des impliziten Sicherheitsstrebens geprägt: Der Gründungsvater der zionistischen Bewegung zur Realisierung eines Judenstaates, Theodor Herzl, ist hierfür ebenso bedeutsam wie Wladimir Jabotinsky mit seiner Schrift „The Iron Wall" aus den 1920er Jahren.

Simon Falke bietet mit seiner Untersuchung in der Reihe „Bonner Studien zum globalen Wandel" Einblicke in die vielschichtige Prägung der israelischen Gesamtgesellschaft durch das dominante Sicherheitsstreben und die darauf fußenden Trennungselemente. Erst durch dieses komplexe Verständnis von „Sicherheit als Kultur" wird das politische Kernanliegen jeglicher israelischer Regierungen deutlich: Es erschöpft sich nicht in der physischen Kontrolle von Grenzen und Territorien, sondern strebt nach einer größtmöglichen Garantie einer gesicherten Existenz der jüdischen Bevölkerung in einem arabischen Umfeld. Solange verlässliche Sicherheitsgarantien der Nachbarn durch internationale Verhandlungen, wie bisher, nicht in greifbare Nähe rücken, müssen die Bemühungen um einen umfassenden Nahostfrieden wohl weiterhin erfolglos bleiben.

Prof. Dr. Wolfram Hilz

Inhaltsverzeichnis

1. Einleitung — 5
    1.1 Fragestellung — 7
    1.2 Methode und Vorgehensweise — 8
    1.3 Forschungsstand und Literatur — 12

2. Historischer Kontext — 15
    2.1 Die britische Mandatszeit in Palästina — 15
    2.2 Der Staat Israel — 17
    2.3 Grenzkonflikte im Nahen Osten — 23

3. Zionistische Vordenker - Theorien der Abgrenzung — 37
    3.1 Theodor Herzl - Der Judenstaat — 38
    3.2 Wladimir Jabotinsky - The Iron Wall — 41

4. Der Trennungszaun - Fluchtpunkt der Geschichte — 45
    4.1 Traditionen — 47
    4.2 Anfänge unter Rabin — 49
    4.3 Das Kind der zweiten Intifada — 52
    4.4 Soziologie der israelischen Grenze — 56
        4.4.1 Die Suche nach der Grenze — 57
        4.4.2 Das Streben nach Sicherheit — 61

5. Sicherheit als Kultur — 69
    5.1 Zur Methodik der Bevölkerungsumfragen — 69
    5.2 Gesellschaftliche Konstitution — 70
    5.3 Trennung der Gesellschaft — 77

6. Schlussbetrachtung — 85

Bibliographie — 91

Abbildungsverzeichnis — 105

1. Einleitung

„Es wird keine Lösung ohne Intervention der internationalen Gemeinschaft geben. Sie muss Truppen in das Westjordanland[1] entsenden [...] und in Kooperation mit der palästinensischen Regierung für Sicherheit sorgen, wenn nötig mit Gewalt."[2] Mit diesen Worten beschreibt Avi Primor die gegenwärtige Ausgangslage für einen Friedensprozess im Nahen Osten. Die traumatischen Erfahrungen des jüdischen Volkes durch den Holocaust im Verlauf des zweiten Weltkrieges haben dazu beigetragen, dass das Bedürfnis nach Sicherheit zum zentralen gesellschaftlichen Narrativ Israels gehört. Mit der Proklamation des Staates Israels durch David Ben Gurion im Mai 1948 hat die Suche nach Sicherheit einen erneuten Zugang in das kollektive Verhaltensmuster des israelischen Volkes erfahren. Persönliche Sicherheit wurde zum Schlüsselbegriff der israelischen Gesellschaft und ihrer Eliten. Dieser bestimmt bis in die heutige Zeit den öffentlichen Diskurs in Israel.

Der Teilungsplan der Vereinten Nationen von 1947[3] sah die Errichtung eines arabischen und eines jüdischen Staates auf dem ehemaligen Mandatsgebiet des Vereinigten Königreichs vor. Ein umfassendes Kapitel dieser Resolution befasste sich mit der Festlegung der zukünftigen Staatsgrenzen in Palästina[4]. Dieser Plan

---

[1] In Israel wird dieser Landstreifen in Anlehnung an die biblische Überlieferung Judäa und Samaria genannt. Auf arabischer Seite wird von der Westbank gesprochen. Westjordanland ist im Folgenden als geographisch-neutrale Bezeichnung zu verstehen. Vgl. Shimon Peres: Die Versöhnung. Der neue Nahe Osten, Berlin 1993, S. 82. Der Ausdruck *Westjordanland* war bereits Gegenstand der „Rahmenvereinbarungen für den Frieden im Nahen Osten" zwischen Mohammed Anwar el-Sadat, Menachem Begin und Jimmy Carter im September 1978. Carter verwies in einem Schreiben an Begin darauf, dass Israel, wenn der Ausdruck „Westjordanland" in einer Vereinbarung erscheine, diesen heute und in Zukunft als Judäa und Samaria verstünde. Vgl. Moshe Dajan: Die Mission meines Lebens. Bericht über die ägyptisch-israelischen Friedensverhandlungen 1977-1979, München 1981, S. 417.

[2] Avi Primor/Christiane von Korff: An allem sind die Juden und die Radfahrer schuld. Deutsch-jüdische Missverständnisse, München 2010, S. 75. Primor schlägt konkret die Stationierung von Truppen aus amerikanischen, europäischen und islamischen Ländern vor. Diesen Gedanken führt Primor auch in der aktuellen Diskussion zu den bevorstehenden Friedensverhandlungen zwischen Israelis und Palästinensern in Washington an. Vgl. Avi Primor: Am Anfang war das Happy End, in: Süddeutsche Zeitung, 5.9.2010, S. 4.

[3] Vgl. Resolution 181 der Generalversammlung der Vereinten Nationen, in: http://www.un.org/depts/german/gv-early/ar181-ii.pdf (04.03.2011).

[4] Mit dem Begriff Palästina sind das ehemalige Mandatsgebiet des Völkerbundes und seine Grenzen unter britischer Verwaltung gemeint.

wurde nie in die Realität umgesetzt. Der *Unabhängigkeitskrieg*[5] zwischen Israel und seinen arabischen Nachbarstaaten führte mit den Waffenstillstandsvereinbarungen zwischen Israel und Ägypten, Libanon, Transjordanien sowie Syrien zu Demarkationslinien, die bis 1967 unverändert blieben.[6] Die in diesem Rahmen geschaffene Grenze im Westjordanland wird auch als die *Grüne Linie*[7] bezeichnet. Nach international anerkannter Auffassung ist Israel der rechtmäßige Souverän über das Staatsgebiet innerhalb dieser Grenzen.[8] Im Verlauf des *Sechs-Tage-Kriegs*[9] besetzte die israelische Armee im Juni 1967 den Gazastreifen, das Westjordanland, den gesamten Sinai und den Golan. Bis heute ergeben sich, aufgrund der territorialen Okkupation[10] der in diesem Krieg besetzten Gebiete, zahlreiche Konflikte um die zukünftigen und endgültigen Grenzverläufe des Staates Israels.

Vor dem Hintergrund der Gewalteskalation im Verlauf der zweiten Intifada[11] hat die politische Führung unter Ariel Sharon mit dem Bau eines *Trennungszauns*[12] einseitig damit begonnen, ein Grenzregime gegenüber den von Palästinensern bewohnten Gebieten des Westjordanlandes zu errichten. Der Verlauf orientiert sich in sehr groben Zügen an der international anerkannten Grünen Linie. Überschreitungen des Zauns in östlicher Richtung wurden durch das Urteil des

---

[5] Die Bezeichnung *Unabhängigkeitskrieg* spiegelt die israelische Sichtweise auf die kriegerischen Auseinandersetzungen der Jahre 1948 und 1949 wider. Die arabischen Nachbarn sprechen vom Palästinakrieg. Im Allgemeinen wird diese Phase auch als erster arabisch-israelischer Krieg bezeichnet.

[6] Vgl. Christian Hauswaldt: Der Status von Palästina. Eine völkerrechtliche Untersuchung des territorialen Status, Baden-Baden 2009, S. 154.

[7] Vgl. ebd., S. 22.

[8] Vgl. ebd., S. 154.

[9] Diese Auseinandersetzung wird auch als dritter arabisch-israelischer Krieg bezeichnet. Erster und dritter Krieg flankieren die Krise von Suez aus dem Jahr 1956.

[10] „Vielleicht gefällt euch das Wort nicht, aber was (dort) stattfindet, ist Okkupation." Ariel Sharon äußert sich im Juni 2003 zur Besetzung der Gebiete des Westjordanlandes in der Jerusalem Post. Zitiert nach: Volker Perthes: Orientalische Promenaden. Der Nahe und Mittlere Osten im Umbruch, Bonn 2006, S. 96.

[11] Die zweite Intifada steht für den gewaltsamen Konflikt zwischen Palästinensern und Israelis seit September 2000. Sie nahm ihren Anfang in Jerusalem und weitete sich schnell auf das Westjordanland und den Gazastreifen aus. Sie ist gekennzeichnet durch einen Wechsel von palästinensischen Selbstmordattentaten und militärischen Interventionen der israelischen Armee.

[12] Der Trennungszaun („Separation Fence") ist die offizielle Bezeichnung der israelischen Regierung. Teilweise wird auch der Begriff Security Fence verwendet. Auf Seiten der Palästinenser und zahlreicher Kritiker wird auch von der „Mauer" oder dem „Apartheids-Zaun" gesprochen. Vgl. Moshe Zuckermann: Eine Mauer wird errichtet, in: Aus Politik und Zeitgeschichte, (2002) 35-36, S. 25. Im Folgenden wird die deutsche Übersetzung *Trennungszaun* verwendet.

Internationalen Gerichtshofs im Jahre 2004 als unzulässig verurteilt.[13] Aus dem Umfeld der israelischen Regierung wird kommuniziert, dass diese Maßnahme als Selbstverteidigung gegenüber potentiellen Selbstmordattentätern aus dem Westjordanland verstanden werden müsse. „Israel is building a security fence in order to defend itself. Its route reflects a balance between security and humanitarian considerations."[14] Die Überzeugung, sich physisch abgrenzen zu müssen, ist nicht neu. Bereits Theodor Herzl hat in seinem Werk *Judenstaat* gegen Ende des 19. Jahrhunderts von der Schaffung eines Walls gegen die Barbarei im Osten gesprochen.[15] Wladimir Jabotinsky erweiterte 1923 die Vision einer gesellschaftlichen Abgrenzung um das Konzept des sogenannten *Iron Wall*[16]. Bis in die Gegenwart nimmt die Suche nach Sicherheit und Abgrenzung eine übergeordnete Stellung in der israelischen Gesellschaft ein.

1.1 Fragestellung

Die aktuelle Diskussion, besonders in den europäischen Feuilletons, wird vorwiegend durch den illegalen Verlauf des Trennungszauns bestimmt.[17] Dahinter tritt der soziologisch-kulturelle Aspekt der Abgrenzung zurück. Die vorliegende Arbeit untersucht die Rolle des Trennungszauns innerhalb der israelischen Gesellschaft. Es wird der Frage nachgegangen, ob der Trennungszaun als politische Analysekategorie gewinnbringende Ergebnisse über die Konstitution der israelischen Gesellschaft und ihrer spezifischen Kultur liefern kann. Ist der Trennungszaun ein metaphorisches Spiegelbild der israelischen Gesellschaft? Können aus dem Bau des Trennungszauns Wechselwirkungen zwischen der

---

[13] "The construction of the wall being built by Israel, the occupying Power, in the Occupied Palestinian Territory, including in and around East Jerusalem, and its associated régime, are contrary to international law." International Court of Justice: Legal Consequences of the Construction of a Wall in the occupied Palestinian Territory, Den Haag 2004, in: http://www.icj-cij.org/docket/files/131/1677.pdf (04.03.2011), S. 15.

[14] Danny Tirza: The Strategic Logic of Israel's Security Barrier, in: Jerusalem Issue Brief, Jg. 5 (2006) 18, in: http://www.jcpa.org/brief/brief005-18.htm (04.03.2011).

[15] Vgl. Theodor Herzl: Der Judenstaat, 12. Auflage, Zürich 1962, S. 39.

[16] Vgl. Wladimir Jabotinsky: The Iron Wall, in: http://www.mideastweb.org/ironwall.htm (04.03.2011). Im Original unter dem Titel „O Zheleznoi Stene" in Rassvyet, 4. November 1923. Die englische Version „The Iron Wall" wurde am 26. November 1937 im Jewish Herald in Südafrika veröffentlich.

[17] Vgl. Gisela Dachs: Die israelische Mauer, in: Die Zeit, 27. Juni 2002, in: http://www.zeit.de/2002/27/Die_israelische_Mauer (04.03.2011); Matthew Brubacher: Mauern gegen den Frieden, in: Le Monde diplomatique, Nr. 6905, 15.11.2002, S. 18; Stefan Ulrich: Die Mauerspechte von Den Haag, in: Süddeutsche Zeitung, 09.07.2004; Michael Borgstede: Der antiterroristische Schutzwall, in: Freitag 20, 09.05.2003.

politischen Führung und der israelischen Gesellschaft abgeleitet werden? Darüber hinaus bildet die Suche nach Sicherheit im Staate Israel den zentralen Bezugspunkt der Untersuchung.

1.2 Methode und Vorgehensweise

Ausgehend von einer historischen Sichtweise soll die Entwicklung und Verankerung verschiedener Abgrenzungskonzeptionen, bis hin zur heutigen Ausprägung in Form eines Trennungszauns, innerhalb der israelischen Gesellschaft beleuchtet werden. Hierzu werden hauptsächlich die Aussagen von theoretischen Vordenkern des *Zionismus*[18] und von Politikern im Zeitraum des 20. Jahrhunderts erörtert. In diesem Kontext soll eine Untersuchung im Sinne einer *modernen Politikgeschichte*[19] durchgeführt werden. Der Begriff der Sicherheit dient dabei als Analysekategorie der israelischen Gesellschaft. Er stellt als Leitbegriff den operativen Bezugsrahmen her und soll dabei helfen, eine Ursache-Folge-Beziehung innerhalb der Gesellschaft aufzuzeigen. So sollen einerseits die Wechselbeziehungen zwischen den politischen Akteuren und der öffentlichen Meinung bewertet werden. Andererseits können, für die Untersuchung wichtige, längerfristige Entwicklungslinien gezeichnet werden. Das Sicherheitsinteresse der israelischen Bevölkerung wird dabei methodisch als *soziokultureller Orientierungshorizont*[20] in der Analyse eingesetzt. Der Trennungszaun soll als Spiegelbild der Gesellschaft dienen sowie als metaphorisches Stilmittel in die Betrachtung aufgenommen werden. Eine potentielle Funktion des

---

[18] Der Zionismus ist eine im 19. Jahrhundert von Theodor Herzl begründete politisch-religiöse Bewegung, die die Errichtung eines jüdischen Nationalstaates zum Ziel hat. Vgl. Ludwig Watzal: Feinde des Friedens: Der endlose Konflikt zwischen Israel und den Palästinensern, Berlin 2001, S. 9 ff.

[19] Die *moderne Politikgeschichte* setzt den Schwerpunkt der analytischen Betrachtung nicht allein auf das Handeln von Staat und Regierung. Nach Eckart Conze wird dem Staat und staatlichem Handeln eine eigene Bedeutung eingeräumt, ohne dabei jedoch die Wirkmächtigkeit sozialer Strukturen zu unterschlagen. Vgl. Eckart Conze: Sicherheit als Kultur, in: Vierteljahreshefte für Zeitgeschichte, Jg. 53 (2005) 3, S. 357-380, S. 359.

[20] Als *soziokultureller Orientierungshorizont* wird das diskursabhängige Wertesystem einer Gesellschaft verstanden. Vor diesem Hintergrund besteht ein enger Zusammenhang zwischen sozialen und kulturellen Aspekten, welche sich auch in politischen Interessen und Vorstellungen der Gemeinschaft widerspiegeln. Für die israelische Gesellschaft ist besonders das Sicherheitsbedürfnis von zentraler Bedeutung.

Trennungszauns als östliche Staatsgrenze Israels wird auf der theoretischen Grundlage der Grenzsoziologie, ausgehend von Georg Simmel, diskutiert.[21]

In einer geopolitischen Sichtweise wird dem Trennungszaun auch die Sicherung von Ressourcen zugeschrieben.[22] Besonders die Wasserproblematik im Nahen Osten nimmt seit Jahrzehnten eine zentrale Rolle im israelisch-palästinensischen Konflikt ein. Durch die bewusste Eingrenzung der Thematik auf die nationale Sicherheit als den soziokulturellen Orientierungshorizont, wird der Analyserahmen jedoch ausschließlich auf eine kulturelle und gesellschaftliche Ebene gelegt. Die geopolitische Betrachtung der Wasserproblematik wird daher von der Untersuchung ausgegrenzt.[23] Ebenso kann auch eine auf ökonomischen Überlegungen basierende Analyse zur Wirkung des Trennungszauns nicht Gegenstand der vorliegenden Arbeit sein.

Nach der historischen Einführung in die Thematik beschränkt sich der Untersuchungszeitraum des innergesellschaftlichen Diskurses auf die Regierungszeiten von Yitzhak Rabin bis hin zu Ehud Olmert.[24] Innerhalb dieser Einfassung bildet die Amtszeit von Ariel Sharon von 2001-2006 den Kern der Analyse. Die Konzentration auf den Trennungszaun dient der Fokussierung auf einen Teilaspekt des gesamten israelisch-palästinensischen Konflikts. Um diesem Fokus einen analytischen Schwerpunkt geben zu können, werden ausschließlich Wahrnehmungen der israelischen Gesellschaft in die Untersuchung einbezogen. Diese Herangehensweise geht aus der Fragestellung der vorliegenden Arbeit hervor. Eine Gesamtdarstellung der israelischen Sozialstruktur ist in diesem Zusammenhang nicht möglich. Denn die Sozialstruktur, so Hilke Rebenstorf, sei immer dynamisch, da sie aus dem Zusammenwirken unterschiedlicher Kräfte in verschiedenen Feldern bestehe.[25] Dies gilt besonders für die israelische Mehrheitsgesellschaft.

---

[21] Vgl. Georg Simmel: Soziologie des Raumes, in: Heinz-Jürgen Dahme; Otthein Rammstedt: Georg Simmel. Schriften zur Soziologie, Frankfurt am Main 1983, S. 221-242.

[22] Vgl. Yuval Elizur: Israel Banks on a Fence, in: Foreign Affairs, Jg. 82 (2003) 2, S. 106-119, S. 110 ff.

[23] Weiterführende Literatur: Clemens Messerschmid: Israels Mauer und die Wasserressourcen, in: inamo (Informationsprojekt Naher und Mittlerer Osten e.V.), (2003) 34, S. 42-44; Ines Dombrowsky: Wasserkrise im Nahen Osten, in: Aus Politik und Zeitgeschichte, (2001) 48-49, S. 30-38.

[24] Zentral für die Untersuchung ist die Zeit der zweiten Intifada seit 2001. Diese kann jedoch nicht losgelöst von der Ereignissen im Vorfeld betrachtet werden. Besonders die Zielsetzungen Yitzhak Rabins im Zuge der Oslo-Verhandlungen hatten unmittelbare Auswirkungen auf den Bau des Trennungszauns.

[25] Vgl. Hilke Rebenstorf: Sozialer Wandel und demokratische Kultur. Eine explorative Studie mit Jugendlichen in Israel und der Westbank, Habilitationsschrift - Universität Hildesheim, Politische Soziologie, Bd. 22, Münster 2007, S. 47.

Das *Israeli Central Bureau of Statistics* weist in der amtlichen Bevölkerungsstatistik für die israelische Gesellschaft die beiden Großkategorien „Jews" sowie „Arabs and Others" aus. Letztere werden unterteilt in Moslems, Arab Christians, Drusen, non-Arab Christians und nach Religionen nicht klassifizierbare Einwohner.[26] Es ist davon auszugehen, dass gerade die Analyse des Trennungszauns in gesellschaftlicher Perspektive äußerst kontroverse Meinungen in beiden Bevölkerungsgruppen zu Tage fördert. Der Einbezug der arabischen Bevölkerungsteile würde für die Analyse der sicherheitspolitischen Fragen des Staates Israel das gesellschaftliche Bild verzerren. Im Folgenden gehört daher allein die Kategorie der „Jews" des Israeli Central Bureau of Statitics zum Untersuchungsgegenstand. Diese werden fortan unter dem Begriff der *israelischen Gesellschaft* und der *israelischen Bevölkerung* subsumiert. Die Charakterisierung einer „jüdischen Kultur" oder eines „jüdischen Volkes" nimmt zweifelsohne eine wichtige Stellung innerhalb der innerisraelischen Diskussion ein.[27] In der vorliegenden Arbeit gehört eine dezidiert religiöse Konnotation von Begrifflichkeiten ausdrücklich nicht zum methodischen Hintergrund der Analyse. Eine Vermischung von Religion, Volk, Identität und Staat würde den Untersuchungsgegenstand überziehen und praktikable Ergebnisse bereits im Vorfeld ausschließen. An dieser Stelle sei darauf hingewiesen, dass es für die israelische Gesellschaft weitere, zahlreiche Differenzierungen gibt.[28] In dieser Arbeit bietet sich jedoch eine Unterscheidung der Bevölkerung aufgrund der politischen Orientierungen an. Dabei ist die Klassifikation in *links* und *rechts* in der israelischen Politik nicht sozialpolitisch zu verstehen. „So is the political left-right identification, defined in Israeli politics mainly in terms of the Israeli-Arab conflict."[29] Demnach stehen in Israel die links orientierten Kräfte tendenziell für

---

[26] Vgl. CBS (The Israeli Central Bureau of Statistics): Statistical Abstract of Israel 2009 – No. 60, in: http://www1.cbs.gov.il/shnaton60/st_eng02.pdf (04.03.2011), S. 28.

[27] Besonders die Veröffentlichung Shlomo Sands, über die „Erfindung des jüdischen Volkes", hat eine intensive Debatte in Israel ausgelöst. An dieser Stelle sei nur auf das Werk verwiesen: Shlomo Sand: Die Erfindung des jüdischen Volkes. Israels Gründungsmythos auf dem Prüfstand, Berlin 2010.

[28] Donna Rosenthal hat eine Monographie über „die Israelis" veröffentlicht. Darin lässt sie Israelis unterschiedlicher Prägung und Herkunft ihre Geschichten erzählen. Dies soll als ein Tribut an die gesellschaftliche Vielfalt verstanden werden. Vgl. Donna Rosenthal: Die Israelis. Leben in einem außergewöhnlichen Land. Lizenzausgabe für die Bundeszentrale für politische Bildung, Bonn 2007, S. 8. Yaacov Lozowick nimmt eine Unterteilung des modernen Israels in sechs Stämme vor. Diese bestehen aus den traditionellen aschkenasischen Eliten, den Nachkommen der Einwanderer aus den muslimischen Ländern, den Siedlern, den Ultra-Orthodoxen, den russischen Einwanderern und den israelischen Arabern. Vgl. Yaacov Lozowick: Israels Existenzkampf. Eine moralische Verteidigung seiner Kriege. Lizenzausgabe für die Bundeszentrale für politische Bildung. Bonn 2006, S. 219.

[29] Michael Shamir/Tammy Sagiv-Schifter: Conflict, Identity, and Tolerance: Israel in the Al-Aqsa Intifada, in: Political Psychology, Jg. 27 (2006) 4, S. 569-595, S. 592.

einen Ausgleich mit den Palästinensern. Sie werden auch als Tauben bezeichnet. Die von den Rechten verfolgte Politik tritt überwiegend für die Einbehaltung der besetzten palästinensischen Gebiete ein. Dieser Bevölkerungsgruppe wird die Bezeichnung der Falken zuteil.[30] Darüber hinaus wird keine Analyse der Auswirkungen des Trennungszauns auf die palästinensische Bevölkerung des Westjordanlandes vorgenommen. Hierin ist mitnichten eine Wertung bezüglich der Konfliktsituation zwischen beiden Gesellschaften zu verstehen![31] Die globale Struktur und Einordnung des Konflikts in die internationalen Beziehungen ist ebenfalls nicht Gegenstand der Untersuchung.

Im zweiten Kapitel wird das Thema in den historischen Kontext eingebettet. Unerlässlich für das Verständnis des Sicherheitsempfindens der israelischen Bevölkerung ist die Entwicklung des Staates Israels von der Staatsgründung bis in die Gegenwart. Das nationale Narrativ des Holocaust bildet ein zentrales Kernelement des gesellschaftlichen Bedürfnisses nach Sicherheit.[32] Ein Schwerpunkt wird auf die historischen Grenzziehungen im ehemaligen Mandatsgebiet Palästinas gelegt. Den territorialen Abgrenzungen auf Staatsebene folgen im dritten Kapitel ausgewählte Abgrenzungstheorien, die mit der zionistischen Bewegung Einzug in das israelische Kollektiv gehalten haben. Die Traditionslinien in Theodor Herzls *Judenstaat*[33] und Wladimir Jabotinskys *Iron Wall*[34] stehen charakteristisch für diese Entwicklung. Die unterschiedlichen Vorstellungen zur Gestaltung der Staatsgrenze Israels werden abschließend in einer Soziologie des Raumes nach dem Verständnis Georg Simmels einer kurzen Analyse unterzogen.[35] Das vierte Kapitel stellt den Bau des Trennungszauns als zentrales kulturelles Moment

---

[30] Vgl. Moshe Zimmermann: Goliaths Falle. Israelis und Palästinenser im Würgegriff, Berlin 2004, S. 111; Elmar Krautkrämer: Krieg ohne Ende?, Israel und Palästinenser - Geschichte eines Konflikts, Darmstadt 2003, S. 152.

[31] Die Wahrnehmungen der Palästinenser im Nahost-Konflikt werden zunehmend literarisch thematisiert, sowohl im israelischen als auch im amerikanischen und europäischen Raum. Einen Beitrag zu diesem Wandel haben sicherlich auch die Veröffentlichungen der „Neuen Historiker" geleistet. An dieser Stelle sei auf weitere, kritische Werke zu diesem Thema verwiesen: Shlomo Sand: Die Erfindung des jüdischen Volkes; Jeff Halper: Ein Israeli in Palästina. Widerstand gegen Vertreibung und Enteignung. Israel vom Kolonialismus erlösen, Berlin 2010; Jimmy Carter: Palästina – Frieden, nicht Apartheid, Neu-Isenburg 2010; Esther Benbassa: Jude sein nach Gaza, Hamburg 2010; Alfred Rudorf: Israel in Palästina. Wegweiser zur Lösung, Neu-Isenburg 2010.

[32] Vgl. Ephraim Yaar: Value Priorities in Israeli Society: An Examination of Ingelhart's Theory of Modernization and Cultural Variation, in: Ronald Inglehart (Hrsg): Human Values and Social Change. Findings from the Values Surveys. International Studies in Sociology and Social Anthropology, Bd. 89, Leiden 2003, S. 117-137, S. 121.

[33] Vgl. Theodor Herzl: Der Judenstaat, 12. Auflage, Zürich 1962.

[34] Vgl. Wladimir Jabotinsky: The Iron Wall, in: Rassvyet, 04.11.1923.

[35] Vgl. Georg Simmel: Soziologie des Raumes, S. 221 ff.

in den Mittelpunkt der Betrachtung. Die Suche nach einer Grenze und nach Sicherheit wird als ein mögliches psychologisch-gesellschaftliches Bindeelement Israels hinterfragt. Am Beispiel des öffentlichen Diskurses zum Trennungszaun, sollen im letzten und fünften Kapitel Rückschlüsse auf die innergesellschaftlichen Konstitutionen gewonnen werden. In diesem Abschnitt werden die zuvor auf theoretischer Basis erörterten Abgrenzungsmomente anhand von Umfragen innerhalb der israelischen Bevölkerung einer gesellschaftlichen Bewertung unterzogen. Die Schlussbetrachtung greift diese Analyse auf und versucht ein perspektivisches Gesamtbild des israelischen Sicherheitsbedürfnisses und seiner konkreten Ausprägung, in Gestalt des Trennungszauns, zu zeichnen.

1.3 Forschungsstand und Literatur

Bezüglich des Baus und des Verlaufs des Trennungszauns betritt die vorliegende Arbeit kein wissenschaftliches Neuland. Die globalisierte Wahrnehmung dieser Errichtung hat auch im deutschsprachigen Raum zu zahlreichen Veröffentlichungen geführt. Allen voran ist das Werk von Heiko Flottau[36] sowie der Aufsatz von Moshe Zuckermann[37] zu nennen. Zur Grenzproblematik im gesamten ehemaligen Mandatsgebiet Palästinas hat Christian Hauswaldt[38] eine rechtswissenschaftliche Habilitationsschrift vorgelegt. Die Analyse der innergesellschaftlichen Strukturen basiert auf den Ausführungen israelischer Politiker, Wissenschaftler und Journalisten. Anhand zahlreicher internationaler Aufsätze soll im Verlauf der Arbeit ein differenziertes Bild der innergesellschaftlichen Sichtweise bezüglich des Trennungszauns diskutiert werden. Politisch liegt der Fokus schwerpunktmäßig auf den jeweiligen Amtsinhabern der gewählten Regierungen. Hier ist besonders der Aufsatz von Uzi Landau[39], dem sicherheitspolitischen Architekten des Zauns, zu nennen. Das kollektive Bewusstsein innerhalb der Auseinandersetzung mit der Grenzproblematik wird besonders in Dan Rabinowitz'[40] Ausführungen aufgearbeitet. Avi Shlaim[41] hat ein fundiertes Werk zum Konzept der Eisernen Mauer in der Tradition Wladimir Jabotinskys publiziert. Die historische

---

[36] Vgl. Heiko Flottau: Die Eiserne Mauer. Palästinenser und Israelis in einem zerrissenem Land, Berlin 2009.
[37] Vgl. Moshe Zuckermann: Eine Mauer wird errichtet, in: Aus Politik und Zeitgeschichte, (2002) 35-36, S. 25-29.
[38] Vgl. Christian Hauswaldt: Der Status von Palästina, Baden-Baden 2009.
[39] Vgl. Uzi Landau: The Security Fence: An Imperative for Israel, in: Jerusalem Issue Brief, Jg. 3 (2004) 15, in: http://www.jcpa.org/brief/brief3-15.htm (04.03.2011).
[40] Vgl. Dan Rabinowitz: Borderline Collective Consciousness, in: Palestine-Israel Journal, Jg. 8 (2001) 4, in: http://www.pij.org/details.php?id=792 (04.03.2011).
[41] Vgl. Avi Shlaim: The Iron Wall. Israel and the Arab World, New York 2000.

Gesamtdarstellung von Ilan Pappe[42] hat durch die Bearbeitung neu erschlossener Quellen einen wichtigen Beitrag für die gegenwärtige Nahost-Forschung geliefert, wie auch das bereits im Jahr 1999 erschienene Werk von Benny Morris[43]. Die Abhandlung von Joseph Algazy[44] behandelt die Grenzproblematik im israelisch-arabischen Konflikt anhand von Mythen und Realitäten beider Gesellschaften. Für den Bereich der Grenzsoziologie bildet der Sammelband von Monika Eigmüller[45] und Georg Vobruba den Ausgangspunkt der Analyse. Grundlegend für die Perspektive der zionistischen Bewegung sind die Werke von Theodor Herzl[46] und Wladimir Jabotinsky[47]. Wichtig für die Einordnung des Sicherheitsaspekts innerhalb der Grenzproblematik in Israel sind die Aufsätze von Dore Gold[48] und Yaakov Amidror[49]. Danny Tirza[50] beschreibt ausführlich die strategische Logik des Trennungszauns aus der Sichtweise der *Israel Defence Forces*[51] (IDF). Eyal Weizman[52] hat die Neuordnung des geographischen Raumes seit 1967 anhand einer „Architektur der Besatzung" untersucht. Mit Itamar Rabinovich[53] hat der ehemalige Chefunterhändler Israels in den Friedensverhandlungen mit Syrien ein grundlegendes Werk zum Verlauf und Scheitern der Oslo-Friedensverhandlungen veröffentlicht. Moshe Zimmermann[54], ein bekannter Vertreter der israelischen Linken, hat in diesem Jahr ein aufschlussreiches Buch zur Angst und deren Auswirkungen innerhalb der israelischen Gesellschaft

---

[42] Vgl. Ilan Pappe: A History of Modern Palestine. One Land, Two Peoples, Cambridge 2004.
[43] Vgl. Benny Morris: Righteous Victims. A History of the Zionist-Arab Conflict, 1881-1999, New York 1999.
[44] Vgl. Joseph Algazy: Grenzen. Mythen und Realität im israelisch-arabischen Konflikt, in: Richard Faber; Barbara Naumann (Hrsg.): Literatur der Grenze-Theorie der Grenze, Würzburg 1995, S. 237-252.
[45] Vgl. Monika Eigmüller/Georg Vobruba (Hrsg.): Grenzsoziologie. Die politische Strukturierung des Raumes, Wiesbaden 2006.
[46] Vgl. Theodor Herzl: Der Judenstaat, 12. Auflage, Zürich 1962.
[47] Vgl. Wladimir Jabotinsky: The Iron Wall, in: Rassvyet, 04.11.1923.
[48] Vgl. Dore Gold: Defensible Borders for Israel, in: Jerusalem Letter, 15.06.2003, in: http://www.jcpa.org/jl/vp500.htm (04.03.2011).
[49] Vgl. Yaakov Amidror: Israel fordert sichere Grenzen, in: Jerusalem Zentrum. Strategische Informationen zur Außen- und Sicherheitspolitik Israels, in: http://jerzentrum.org/ViewArticle.aspx? ArticleId=139 (04.03.2011).
[50] Vgl. Danny Tirza: The Strategic Logic of Israel's Security Barrier.
[51] Die Israel Defence Forces gelten als stärkstes Symbol der Staatlichkeit und Unabhängigkeit Israels. Vgl. Moshe Zimmermann: Wende in Israel. Zwischen Nation und Religion, Berlin 1996, S. 100.
[52] Vgl. Eyal Weizman: Sperrzonen. Israels Architektur der Besatzung, Hamburg 2009.
[53] Vgl. Itamar Rabinovich: Waging Peace: Israel and the Arabs, 1948-2003, Princeton 2004.
[54] Vgl. Moshe Zimmermann: Die Angst vor dem Frieden. Das israelische Dilemma, Berlin 2010.

veröffentlicht. Dieses Buch wurde ausdrücklich nur für den deutschsprachigen Raum konzipiert. Trotzdem spiegelt Zimmermann ein durchaus gängiges Meinungsbild von israelischen Intellektuellen wider. Die Werke von Avi Primor[55] und Shimon Peres[56] ergänzen dieses Bild durch eine ausgeglichene Haltung im israelisch-palästinensischen Konflikt. Eine umfassende Gesamtdarstellung von Palästina vor der Staatsgründung Israels hat Tom Segev[57] kürzlich in deutscher Sprache vorgelegt. Die Werke der Historiker Colin Shindler[58] und David Gardner[59] geben den aktuellsten Forschungsstand zum Staate Israels und seiner Geschichte wieder.

Aus wissenschaftlicher Perspektive ist das *Tami Steinmetz Center for Peace Research* der Universität Tel-Aviv von zentraler Bedeutung für die Bearbeitung. Das Institut veröffentlicht seit 1994 einen monatlichen *Peace Index*[60]. Im Jahr 2008 wurde diese Meinungsumfrage innerhalb der israelischen Gesellschaft in *War and Peace Index* umbenannt. Die Ergebnisse dieser Erhebung sind grundlegend für die Analyse der gesellschaftlichen Wahrnehmung des Trennungszauns. Ergänzt werden diese durch die Umfragen des *Jaffee Center for Strategic Studies* und des *Institute for National Security Studies*, welche ebenfalls an die Universität Tel-Aviv angegliedert sind.[61] Journalistisch wird die Thematik sowohl durch die israelische Tagespresse, in der vorliegenden Arbeit in Form der englischsprachigen Ausgaben von *Haaretz* und *Jerusalem Post*, als auch durch die wöchentlich und monatlich erscheinenden Journale *Weekly Ahram*, *Palestine-Israel Journal* und den Veröffentlichungen des *Jerusalem Center for Public Affairs* begleitet.

---

[55] Vgl. Avi Primor: Terror als Vorwand. Die Sprache der Gewalt, Düsseldorf 2003.
[56] Vgl. Shimon Peres: Die Versöhnung. Der neue Nahe Osten, Berlin 1993.
[57] Vgl. Tom Segev: Es war einmal ein Palästina. Juden und Araber vor der Staatsgründung Israels, München 2005.
[58] Vgl. Colin Shindler: A History of Modern Israel, Cambridge 2008.
[59] Vgl. David Gardner: Letzte Chance. Der Nahe und Mittlere Osten am Scheideweg, Lizenzausgabe für die Wissenschaftliche Buchgesellschaft, Darmstadt 2010.
[60] "The War and Peace Index is an ongoing public-opinion survey project aimed at systematically tracking the prevailing trends in Israeli public opinion on the regional conflict and its effects on Israeli society." The Tami Steinmetz Center for Peace Research, in: http://www.tau.ac.il/peace/ (04.03.2011). Die monatlichen Umfrageergebnisse stehen auf der Institutshomepage frei zugänglich zum Herunterladen bereit. Die angegebenen Seitenzahlen beziehen sich auf die jeweiligen PDF-Dateien.
[61] Das *Jaffee Center for Strategic Studies* wurde 2006 in das *Institute for National Security Studies* eingegliedert. "The Institute for National Security Studies (INSS) is an independent academic institute that studies key issues relating to Israel's national security and Middle East affairs." In: http://www.inss.org.il/about.php?cat=55&in=0 (04.03.2011).

2. Historischer Kontext

Der Untersuchungszeitraum beginnt mit den unter Yitzhak Rabin eingeleiteten Friedensverhandlungen im Nahen Osten in den frühen 1990er Jahren. Dieser Prozess ist maßgeblich für die israelische Gesellschaft bis in die heutige Zeit.[62] Mit der Wahl Ariel Sharons zum Ministerpräsidenten im März 2001 wurde ein weiteres, wichtiges Kapitel in der Geschichte des Staates aufgeschlagen. Die politischen Entscheidungen der Regierungen unter Yitzhak Rabin, Shimon Peres, Benjamin Netanjahu, Ariel Sharon und Ehud Olmert können jedoch nicht losgelöst von der historischen Entwicklung seit der Mandatszeit Großbritanniens gesehen werden. Der Behauptung des jungen Staates Israels gegenüber seinen arabischen Nachbarstaaten folgte ein langer und bis heute andauernder Konflikt um Land und Sicherheit im Nahen Osten. Dem historischen Abriss folgt eine Darstellung der zahlreichen Konflikte um Grenzen und deren Ausgestaltung bis in die Gegenwart.

2.1 Die britische Mandatszeit in Palästina

Zu Beginn des 20. Jahrhunderts stand die Region des heutigen Israels und der Palästinensischen Autonomiebehörde, das Land Palästina, unter der Herrschaft des Osmanischen Reiches. Bereits 1517 hat Sultan Selim I. Palästina erobern und als ein Teil Großsyriens in seinen Machtbereich eingliedern können. Nach einer langen Phase der muslimischen Herrschaft, sollte erst der Erste Weltkrieg den Status Palästinas verändern. Das Osmanische Reich stand auf der Seite der Mittelmächte. Der britische Vorstoß im Nahen Osten, unter General Allenby und den arabischen Verbänden, beendete die fast vierhundertjährige Herrschaft der Osmanen über Palästina.[63] Der Rechtsnachfolger des Osmanischen Reiches wurde die neugegründete Türkei. Durch die Ratifizierung des Vertrages von Lausanne vom 23. Juli 1923 verzichtete die Türkei auf alle territorialen Rechte und Titel außerhalb ihrer festgelegten Staatsgrenzen. Als Mandatsträger des Völkerbundes übernahm im Folgenden Großbritannien die Administration in

---

[62] "The most momentous issue dominating Israel's life throughout the 1990s and well into new millennium has been the peace process. A succession of Prime Ministers, from Yitzhak Rabin, through Shimon Peres, Benyamin Netanyahu, Ehud Barak and Ariel Sharon, put all matters – economic, social and others – on the back-burner and subordinated every other aim to that of securing peace deals with Arabs and Palestinians." Ahron Bregman: A History of Israel, Basingstoke 2003, S. 236.
[63] Vgl. Tom Segev: Es war einmal ein Palästina, S. 10 ff.

Palästina. Das erklärte Ziel dieses Mandatssystems war es, ehemals kolonialisierte Gebiete in die unabhängige Selbstbestimmung zu überführen.[64]

In Palästina strebten sowohl die Araber als auch die Juden nach Unabhängigkeit. Beide Seiten erhofften sich, diese unter der britischen Mandatsherrschaft zu erlangen. Eine Schlüsselrolle spielte dabei ein Brief des britischen Außenministers Lord Arthur Balfour an Walter Rothschild vom 2. November 1917. In dem als *Balfour-Deklaration* bekannten Schriftstück sicherte Lord Balfour einem prominenten Vertreter der britischen Juden das Wohlwollen der britischen Krone zur Gründung einer „nationalen Heimstätte" in Palästina zu. Der Zionismus ist für Palästina zu diesem Zeitpunkt bereits von Bedeutung.[65] Gleichzeitig betonte Lord Balfour, dass die Rechte der nichtjüdischen Bevölkerung nicht beeinflusst werden dürften. Die Balfour-Deklaration wurde später durch die Briten ausdrücklich in die Präambel des Mandats für Palästina aufgenommen. Mit einem Federstrich sei das gelobte Land nun zwei Parteien zugesagt.[66] Die Briten sahen sich mit dem Tag der Übernahme des Mandats den wechselseitigen Forderungen nach einem jüdischen und einem arabischen Staat konfrontiert. Die Zuwanderung jüdischer Immigranten verstärkte den Konflikt zwischen der arabischen und der jüdischen Bevölkerung zusehends. Im Zeitraum von 1919 bis 1939 stieg der Anteil der jüdischen Bevölkerung von zehn auf dreißig Prozent.[67] Die Beurteilung dieser Lage aus heutiger Sicht durch den jüdischen Historiker Tom Segev ist eindeutig: „Von Anfang an blieben also nur zwei Möglichkeiten: Entweder besiegten die Araber die Zionisten, oder die Zionisten unterwarfen die Araber. Der Krieg zwischen beiden war unvermeidlich."[68] Yaacov Lozowick weist in diesem Zusammenhang darauf hin, dass die Briten dreißig Jahre lang die herrschende Macht gewesen seien und Juden und Araber nach Wegen suchen mussten, einen Vorteil daraus zu ziehen oder zumindest den Schaden zu begrenzen.[69] Die britische Mandatsregierung versuchte in der Folgezeit durch eine Regulierung der Einwanderung den wachsenden Gegensätzen in Palästina entgegenzuwirken. Auf Seiten der arabischen Bevölkerung wuchsen die antizionistischen Bestrebungen. Eine britische Kommission, unter dem Vorsitz von Earl William Peel, erarbeitete im April 1936 einen ersten Teilungsplan des Mandatsgebietes. Diesen Vorschlag

---

[64] Vgl. Friedensvertrag von Versailles. Artikel 1 bis 26. Völkerbundsatzung (28. Juni 1919), Artikel 22, in: http://www.documentArchiv.de/wr/vv01.html (04.03.2011).
[65] Vgl. Elmar Krautkrämer: Der israelisch-palästinensische Konflikt, in: Aus Politik und Zeitgeschichte, (2002) 20, S. 3-13, S. 3. Ilan Pappe wertet es folgendermaßen: „In November 1917, the Zionist movement was rewarded with the Balfour Declaration." Ilan Pappe: A History of Modern Palestine, S. 68.
[66] Vgl. Tom Segev: Es war einmal ein Palästina, S. 12.
[67] Vgl. Christian Hauswaldt: Der Status von Palästina, S. 35.
[68] Tom Segev: Es war einmal ein Palästina, S. 12.
[69] Vgl. Yaacov Lozowick: Israels Existenzkampf, S. 83.

lehnten die Araber kompromisslos ab und reagierten mit massiven Protesten. Mit dem Ausbruch der arabischen Rebellion wurde den britischen Mandatsträgern vor Augen geführt, dass der Aufbau eines jüdischen Nationalheims mit der Wahrung arabischer Interessen nicht in Einklang zu bringen war.[70] Nach der Niederschlagung des Aufstands der Araber erfolgte auf Seiten der Briten mit dem Weißbuch vom 17. Mai 1939 die Abkehr von der an der *Balfour-Deklaration* orientierten Mandatspolitik.[71] Die Lösung der Gegensätze in Palästina sollte fortan durch die Gründung eines ungeteilten und unabhängigen Staates in Palästina erfolgen. Diese bi-nationale Lösung wurde jedoch von beiden Konfliktparteien abgelehnt.[72] Zeitgleich brach der zweite Weltkrieg aus. Der Verlauf und das Ende dieses Krieges sollten auch für Palästina gravierende Konsequenzen zur Folge haben. Nach zahlreichen Aufständen auf Seiten der Araber und der Juden gegen die britischen Mandatsträger, der Stagnation der Verhandlungen und der fortwährenden illegalen jüdischen Einwanderung, sah sich Großbritannien nicht mehr in der Lage, das Land zu verwalten. Am 14. Februar 1947 wurde das Mandat über Palästina an die Vereinten Nationen übergeben.[73]

2.2 Der Staat Israel

Am 29. November 1947 stimmten die Vereinten Nationen für die Gründung von zwei Staaten in Palästina. Dieser Teilungsplan sah die Errichtung eines arabischen und eines jüdischen Staates auf dem ehemaligen Mandatsgebiet Großbritanniens vor.[74] Demnach sollte das Mandatsverhältnis in Palästina am 1. August 1948 enden. Als Hauptstadt beider Staaten sollte Jerusalem einer eigenen internationalen Verwaltung unterstellt werden. Die Vertretung der jüdischen Interessen, die Jewish Agency[75], unterstütze den Teilungsplan ausdrücklich. Der Plan entsprach ihrem Wunsch nach international anerkannter Staatlichkeit in Palästina. Die Vertreter der Araber in Palästina und die arabischen Staaten lehnten den Vorschlag der Vereinten Nationen hingegen einstimmig ab, da sie das Land nicht mit einer europäischen Siedlerbewegung teilen wollten. Zwischen den Bevölkerungsgruppen eskalierte die Gewalt. Palästina drohte im Bürgerkrieg zu versinken. Militärische Einheiten

---

[70] Vgl. Tom Segev: Es war einmal ein Palästina, S. 538.
[71] Vgl. Yaacov Lozowick: Israels Existenzkampf, S. 102 ff.
[72] Vgl. Tom Segev: Es war einmal ein Palästina, S. 489.
[73] Vgl. ebd., S. 544 f.
[74] Vgl. ebd., S. 545.
[75] Die Anerkennung der Jewish Agency als „angemessene jüdische Vertretung" im Sinne einer öffentlichen Körperschaft, erfolgte in Artikel 4 des Palästinamandats des Völkerbundes 1922. Vgl. Dokumente der Zionistischen Politik, in: Seeds of Conflict, Series, vol. II.1, Liechtenstein 1974, S. 18 ff.

der Zionisten nahmen die ihnen zugesprochenen Gebiete gewaltsam in Besitz. Dabei kam es auch zu Massakern.[76] Auf diese von Juden angerichteten Blutbäder, folgte eine Fluchtwelle der arabischen Bevölkerung aus den von Juden besetzten Gebieten. Man geht heute davon aus, dass bis 1948 zwischen 600.000 und 750.000 Araber das Land verlassen haben.[77] Großbritannien hatte diesen Terrorakten in Palästina nichts entgegenzusetzen und sah sich gezwungen, bereits zum 15. Mai 1948 das Mandat des Völkerbundes nicht mehr verwalten zu können.

„Der Staat Israel ist geboren".[78] Mit diesen Worten besiegelt David Ben Gurion die Gründung der Nation am Nachmittag des 14. Mai 1948 im Stadtmuseum von Tel Aviv. Die Legitimation zur Staatsgründung wurde von der israelischen Regierung aus dem Teilungsplan der Vereinten Nationen und dem Rückzug der britischen Armee abgeleitet.[79] Ähnlich wertete die US-amerikanische Regierung die Proklamation und erkannte den Staat Israel noch am selben Tag an.[80] Darüber hinaus stützte sich die Erklärung der israelischen Unabhängigkeitserklärung auf den historischen Anspruch des jüdischen Volkes, in das gelobte Land Palästina zurückzukehren.[81] In der Gründungsproklamation vom 14. Mai 1948 heißt es wörtlich:

> *Dieses Recht wurde in der Balfour-Deklaration vom 2. November 1917 anerkannt und im Völkerbundmandat, das der historischen Verbundenheit des jüdischen Volkes mit dem Lande Israel und dem Anspruch des jüdischen Volkes auf die Wiedereinrichtung seines Nationalheimes internationale Geltung verschaffe.*[82]

Nach Ansicht der jüdischen Wortführer handelte es sich um eine „Wiedereinrichtung" der nationalen Heimstätte. Diese Sichtweise wurde von den arabischen Nachbarn nicht geteilt. In der Nacht zum 15. Mai 1948 eröffneten die Armeen Ägyptens, Syriens, Transjordaniens, des Irak und des Libanon den Krieg gegen Israel. Der erste arabisch-israelische Krieg um das historische Land

---

[76] Belegt ist das Massaker in Deir Yassin, am 8. Mai 1948. Hier wurden von den Kampfeinheiten „Irgun" und „Sternbande" ca. 250 Menschen ermordet. Vgl. Christopher Sykes: Kreuzwege nach Israel, München 1967, S. 385 ff.

[77] Ilan Pappe bezeichnet die von Israelis ausgelöste Flutwelle der arabischen Bevölkerung als „ethnische Säuberung" Palästinas. Vgl. Ilan Pappe: Die ethnische Säuberung Palästinas, Frankfurt am Main 2010, S. 27 f.

[78] Zitiert nach Hans-Peter Schwarz: Das Gesicht des Jahrhunderts, Berlin 1998, S. 530.

[79] Vgl. Abraham B. Yehoshua: Das schwierige Ringen um die Legitimität, in: Aufbau, Jg. 72 (2008) 5, S. 10-15, S. 12.

[80] Vgl. Christian Hauswaldt: Der Status von Palästina, S. 41.

[81] Vgl. ebd., S. 41; Eli Amir: Keine Heiligen und keine Bösewichte, in: Aufbau, Jg.72 (2008) 5, S. 30-33, S. 33.

[82] David Ben Gurion: Israel. Die Geschichte eines Staates, Frankfurt am Main 1973, S. 111 ff.

Palästina brach aus. Nach mehreren kämpferischen Auseinandersetzungen und Waffenruhen zwischen den Parteien, wurde am 7. Januar 1949 ein endgültiger Waffenstillstand ausgehandelt.[83] Israel konnte darin sein Territorium um 21 Prozent gegenüber dem ursprünglichen Teilungsplan der Vereinten Nationen erweitern.[84] Fortan kontrollierte der neue Staat im Nahen Osten einen Großteil Palästinas mit Ausnahme des Westjordanlandes und des Gazastreifens. Neben Israel gehörte auch Transjordanien zu den Gewinnern dieser ersten kriegerischen Auseinandersetzung nach der Staatsgründung. Mit israelischer Zustimmung konnte König Abdallah I. das Westjordanland annektieren. Aus Transjordanien und dem Gebiet westlich des Jordans wurde in der Folgezeit das Königreich Jordanien proklamiert. Die Jerusalemer Altstadt fiel ebenfalls in das Einflussgebiet des jordanischen Königs. Bis heute sind die 1949 gezogenen Demarkationslinien von grundlegender Bedeutung für den israelisch-palästinensischen Konflikt. Denn von geringen Abweichungen abgesehen, bildet diese Waffenstillstandslinien die heutige, von der internationalen Gemeinschaft anerkannte, Grüne Linie.[85]

Nach einer kurzen Konsolidierungsphase führte Israel an der Seite von Frankreich und England im Juli 1956 einen Angriffskrieg gegen Ägypten. Der sogenannte Suezkrieg - als Auslöser gilt die Nationalisierung des Suezkanals durch Gamal Abdul Nasser - sollte weitreichende, internationale Folgen haben. Durch den Druck der US-Regierung erzwangen die Vereinten Nationen den Rückzug aller Invasionstruppen.[86] Für die ehemaligen Kolonialstaaten Frankreich und England besiegelte dieser Tag das Ende der einflussreichen Jahrzehnte im Nahen und Mittleren Osten. Die Haltung der Weltmächte hinsichtlich des Konflikts sollte sich grundlegend ändern.[87] Präsident Eisenhower erklärte die Region 1957 zur amerikanischen Interessen- und Sicherheitszone. Die Fronten des Kalten Krieges weiteten sich auch auf diese Region aus. Die Jahre nach dem Suezkrieg waren geprägt durch wirtschaftliche Festigung und militärische Aufrüstung. Hauptsächlich bezog Israel Waffen aus den USA, Frankreich, Großbritannien und der Bundesrepublik Deutschland und konnte zur stärksten regionalen Streitmacht im Nahen Osten aufsteigen.[88] Ein Überraschungsschlag gegen die ägyptischen Luftstreitkräfte löste am 5. Juni 1967 den Sechstagekrieg aus. Israel eroberte in kurzer Zeit die Golanhöhen im Norden, den Sinai im Süden, das

---

[83] Vgl. Christian Hauswaldt: Der Status von Palästina, S. 42.
[84] Vgl. Elmar Krautkrämer: Der israelisch-palästinensische Konflikt, S. 5.
[85] Vgl. Volker Perthes: Orientalische Promenaden. Der Nahe und Mittlere Osten im Umbruch, Lizenzausgabe für die Bundeszentrale für politische Bildung, Bd. 575, Bonn 2006, S. 85.
[86] Vgl. Elmar Krautkrämer: Der israelisch-palästinensische Konflikt, S. 6.
[87] Vgl. Christian Hauswaldt: Der Status von Palästina, S. 45.
[88] Vgl. Elmar Krautkrämer: Der israelisch-palästinensische Konflikt, S. 6; Hans-Peter Schwarz: Das Gesicht des Jahrhunderts, S. 541.

gesamte Westjordanland und den Gazastreifen. Der Sicherheitsrat der Vereinten Nationen reagierte am 22. November 1967 mit der Resolution 242[89] auf die Besetzung der Territorien durch Israel. Darin wird der Rückzug des israelischen Militärs auf die Grenzen von 1949 gefordert. Bis heute gilt diese Resolution als Grundlage für einen möglichen Frieden im Nahen Osten.

Ein dritter Krieg im Oktober 1973 erweiterte das israelische Territorium um Gebiete östlich des Suez und auf dem Golan. Diese Auseinandersetzung wird jedoch auch als Wende, besonders im Verhältnis zu Ägypten, gewertet.[90] Denn sechs Jahre später gelang es Israel, unter der Schirmherrschaft des US-Präsidenten Jimmy Carter, den ersten Friedensvertrag mit einem arabischen Staat abzuschließen. Am 26. März 1979 wurde das Abkommen zwischen Israel und Ägypten in Washington unterzeichnet. Israel verpflichtete sich zur Räumung des Sinai. Daraufhin wurde das von Präsident Anwar al-Sadat geführte Land umgehend aus der Arabischen Liga ausgeschlossen. Besonders das Auftreten Ägyptens als Fürsprecher der Palästinenser ohne Einbeziehung der palästinensischen Befreiungsorganisation (Abk. PLO – Palestine Liberation Organization) galt als Widerspruch zu den arabischen Interessen.[91] Von diesem Friedensvertrag konnte somit keine Sogkraft für weitere Abkommen zwischen Israel und seinen arabischen Nachbarn ausgehen.

Mit der israelischen Invasion in den Libanon im Sommer 1982 sollte ein neues Kapitel im Konflikt mit den arabischen Nachbarn eröffnet werden. Unter dem Namen *Frieden für Galiläa* wurde ein Feldzug unter der Führung von Verteidigungsminister Ariel Sharon gegen palästinensische Milizen im Libanon geführt.[92] Die in den sechziger Jahren gegründete PLO hat sich nach der Verbindung mit der *Al-Fatah*[93] von Jassir Arafat zunehmend radikalisiert. Aus dem Exil in Jordanien und seinen Nachbarstaaten organisierte Arafat die verschiedenen Guerillagruppen zum Kampf gegen Israel.[94] Sharon zwang als Oberbefehlshaber im Libanonfeldzug Arafat und seine Gefolgsleute ins Exil nach Tunis. Im Kontext dieser kriegerischen Auseinandersetzungen soll Sharon mitverantwortlich gewesen sein für Massaker durch christliche Milizen in den

---

[89] Sicherheitsrat der Vereinten Nationen: Resolution 242, 22. November 1967, in: http://www.un.org/ Depts/german/sr/sr_67u73/sr242-67.pdf (04.03.2011).
[90] Vgl. Elmar Krautkrämer: Der israelisch-palästinensische Konflikt, S. 7.
[91] Vgl. Christian Hauswaldt: Der Status von Palästina, S. 57.
[92] Vgl. Elmar Krautkrämer: Krieg ohne Ende?, S. 90.
[93] Al-Fatah ist die größte Untergruppe der PLO. Ihre Gründer stellten jahrzehntelang den Führungskreis der PLO. Sie wurde 1959 als Guerillaorganisation von Jassir Arafat u.a. in Kuweit gegründet.
[94] Vgl. Elmar Krautkrämer: Der israelisch-palästinensische Konflikt, S. 9.

palästinensischen Flüchtlingslagern nahe Beirut.[95] Dieser musste deshalb von seinem damaligen Amt des Verteidigungsministers Israels zurücktreten. Bis heute liegen keine genauen Angaben über die Zahl der Ermordeten vor.[96]

In der Folgezeit entwickelte sich der schwelende Konflikt zwischen Palästinensern und den israelischen Besatzern im Westjordanland und dem Gazastreifen zum Flächenbrand im Nahen Osten. Im Dezember 1987 eskalierte die Gewalt erneut. Ausgehend vom Gazastreifen griff sie auf das Westjordanland über und breiteten sich zum ersten Aufstand, der ersten Intifada, aus.[97] Dieser nahm zum Teil bürgerkriegsähnliche Zustände an. Im Verlauf der Intifada rief der Palästinensische Nationalrat am 15. November 1988 einen unabhängigen palästinensischen Staat aus. Bemerkenswert in diesem Zusammenhang war die Anerkennung des Existenzrechts Israels durch Arafat und die PLO. Blieb die Ausrufung des Staates weitgehend bedeutungslos, da sie weder von den USA und den westeuropäischen Ländern, noch von der Sowjetunion anerkannt wurde, markierte die Anerkennung des Staates Israel einen fundamentalen Wandel für die Beziehungen zwischen Israelis und Palästinensern.

Die 1990er Jahre standen im Zeichen der Friedensverhandlungen von Oslo. Die israelische Seite akzeptierte unter der Führung von Yitzhak Rabin die PLO als Verhandlungspartner und unterzeichnete zwei zeitlich begrenzte Abkommen, an deren Ende ein unabhängiger Staat der Palästinenser stehen sollte.[98] Nach Auffassung von Volker Perthes, sei mit den Oslo-Abkommen ein real existierender palästinensischer Quasi-Staat entstanden.[99] Das Recht auf einen eigenen Staat gehöre fortan zur inneren Logik des Oslo-Prozesses. Mit der Ermordung Rabins am 4. November 1995 durch einen israelischen Extremisten geriet dieser Friedensprozess ins Stocken. Rabin hatte angedeutet, dass am Ende der Friedensverhandlungen die Auflösung der Siedlungen in den besetzten Gebieten stehen müsse. Damit hatte er sich die Gegnerschaft der rechten Parteien zugezogen. Die Opposition der Regierung sprach in diesem Zusammenhang von Verrat an Israel.[100] Shimon Peres folgte Rabin im Amt des Ministerpräsidenten

---

[95] Vgl. Avi Shlaim: The Iron Wall, S. 417.
[96] Die Zahlen schwanken zwischen Hunderten und Tausenden Toten. Die libanesische Seite spricht von 460 Toten, die israelische von 700-800 Toten. Vgl. Avi Shlaim: The Iron Wall, S. 415 f.; Friedrich Schreiber/Michael Wolffsohn: Nahost. Geschichte und Struktur des Konflikts, 2. Auflage, Opladen 1989, S. 296 ff.; Benny Morris: Righteous Victims, S. 547.
[97] Vgl. Elmar Krautkrämer: Der israelisch-palästinensische Konflikt, S. 8.
[98] Vgl. ebd., S. 9.
[99] Vgl. Volker Perthes: Geheime Gärten. Die neue arabische Welt. Lizenzausgabe für die Bundeszentrale für politische Bildung, Bd. 477, Bonn 2005, S. 199.
[100] Vgl. Moshe Zimmermann: Die Angst vor dem Frieden, S. 28.

und versuchte den Kurs seines Vorgängers noch fortzusetzen. Jedoch übernahm mit der Wahl von Benjamin Netanjahu im Mai 1996 ein entschiedener Gegner des Aussöhnungsprozesses mit den Palästinensern die Regierungsgeschäfte. Seine erste Amtszeit brachte für den Friedensprozess erwartungsgemäß keinen Fortschritt. Netanjahu wird ein Ausspruch zugeordnet, der besagt, dass im Nahen Osten Sicherheit vor Frieden und Friedensverträgen gehe.[101] Netanjahu sollte Ariel Sharon als Infrastrukturminister erstmals nach seinem Rücktritt wieder mit einer Aufgabe im israelischen Kabinett betrauen. In Sharons Ressort fiel die der Bau und die Planung jüdischer Siedlungen im Westjordanland.[102] Ehud Barak folgte Netanjahu im Amt des Regierungschefs im Mai 1999 und nahm auf Einladung von Bill Clinton an den neuen Friedensverhandlungen von Camp David teil. In seinem Wahlkampf warb er mit einer Agenda des Friedens, in welcher er die Übergabe der besetzten Gebiete an die Palästinenser als Teil seiner Politik, neben dem Rückzug aus dem Libanon und einem Friedensschluss mit Syrien, präsentierte.[103] Zweifelsohne wollte Barak nicht alle Siedlungen im Westjordanland aufgeben.[104] Die Kandidatur sollte selbst von Arafat und seinen Gefolgsleuten unterstützt werden, indem sie die israelische Bevölkerung aufriefen, für Barak und somit, nach ihrer Auslegung, für den Frieden zu stimmen.[105] Arafat, Barak und Clinton erlangten in den Gesprächen in Camp David jedoch keine gemeinsame Position über das zukünftige Territorium zur Staatsbildung der Palästinenser.[106]

Am 29. September 2000 betrat der damalige Oppositionsführer Ariel Sharon den Tempelberg in der Altstadt Jerusalems. Dort stehen mit dem Felsendom und der Al-Aqsa Moschee zwei zentrale Heiligtümer des Islams. Die Intention dieses Besuchs sei es gewesen, die Stärke und die Herrschaft Israels über den Tempelberg und die Jerusalemer Altstadt zu demonstrieren.[107] Sharon vertrat die Auffassung, dass der Tempelberg auch eine heilige Stätte der Juden sei und darüber hinaus unter israelischer Souveränität stehen würde.[108] Im Anschluss an den Besuch Sharons brachen auf Seiten der Palästinenser Demonstrationen aus, die sich in Jerusalem

---

[101] Vgl. Moshe Zimmermann: Die Angst vor dem Frieden, S. 13.
[102] Vgl. Elmar Krautkrämer: Krieg ohne Ende?, S. 112.
[103] Vgl. Volker Perthes: Geheime Gärten, S. 205; Christian Hauswaldt: Der Status von Palästina, S. 76.
[104] Vgl. John Bunzl: Israel im Nahen Osten, Wien 2008, S. 212.
[105] Vgl. Joseph Croituru: Hamas. Der islamische Kampf um Palästina, München 2007, S. 142.
[106] Vgl. Elmar Krautkrämer: Krieg ohne Ende?, S. 126.
[107] Vgl. Moshe Zimmermann: Die Angst vor dem Frieden, S. 31 ff.; Joseph Croituru: Hamas. Der islamische Kampf um Palästina, S. 144; Christian Hauswaldt: Der Status von Palästina, S. 79.
[108] Vgl. Avi Primor: Terror als Vorwand, S. 77.

schnell zu gewaltsamen Protesten ausweiteten.[109] Die israelische Armee antwortete radikal auf das Wiederaufflammen der Gewalt. Allein in der ersten Oktoberwoche wurden 13 Araber in den Auseinandersetzungen getötet.[110] Die sogenannte zweite Intifada markierte den vollständigen Stillstand der Friedensverhandlungen und es begann ein erneuter Anstieg der Gewaltspirale zwischen der israelischen und der palästinensischen Bevölkerung. Selbstmordattentate, Proteste und Angriffe von Heckenschützen seitens der Palästinenser wurden mit militärischen Vergeltungsschlägen und der Absperrung der palästinensischen Gebiete durch die IDF erwidert. Der Oslo-Prozess war nunmehr Geschichte. Die Wahl des Likud-Führers Ariel Sharon zum Ministerpräsidenten im März 2001, der ersten Direktwahl in Israel für dieses Amt, wird als die logische Konsequenz aus den gescheiterten Friedensverhandlungen und den steigenden Opferzahlen innerhalb der israelischen Zivilbevölkerung gewertet.[111] Ein daraus abgeleiteter Rechtsruck der israelischen Gesellschaft sollte sich in der Folgezeit auch auf die sicherheitspolitischen Entscheidungen der politischen Entscheidungsträger auswirken. Eine wichtige Rolle spielten dabei auch die Überlegungen über die künftigen Grenzziehungen zwischen Israel und einem palästinensischen Staat.

2.3 Grenzkonflikte im Nahen Osten

„Der israelisch-arabische Konflikt hat Karten und Grenzen hervorgebracht, die eine Quelle von andauerndem Streit sind; teilweise gründet er auf wirklichen Standpunkten, teilweise auf Träumen – nicht notwendigerweise auf Gerechtigkeit."[112] Die Bedeutung von Grenzen und Namen auf geographischen Karten des Nahen Ostens hat bis in die Gegenwart nicht an Wirkung verloren. Dabei wird den jeweiligen Landkarten eine wichtige Funktion zuteil: „Wer Karten macht und Karten nutzt, ist der Souverän."[113] Dies gilt im Besonderen für den geographischen Raum des Nahen Ostens. Allein durch die Auswahl der eingezeichneten Orte, der topographischen Begebenheiten und der Grenzen bezieht jede Karte Stellung in der politischen Auseinandersetzung. Spezifische Intentionen der Karten werden durch die Auswahl der Informationen bestimmt.

---

[109] „Sharons […] visit to the Temple Mount had sparked the outbreak of the ‚al-Aqsa intifada'." Itamar Rabinovich: Waging Peace, S. 182.
[110] Vgl. Moshe Zimmermann: Die Angst vor dem Frieden, S. 32.
[111] Vgl. ebd., S. 39; Volker Perthes: Geheime Gärten, S. 217.
[112] Joseph Algazy: Grenzen. Mythen und Realität im israelisch-arabischen Konflikt, in: Richard Faber/Barbara Naumann (Hrsg.): Literatur der Grenze – Theorie der Grenze, Würzburg 1995, S. 237-252, S. 237.
[113] Burkhard Müller: Mit den Augen des Adlers, in: Süddeutsche Zeitung, 23./24. Oktober 2010, S. 19.

So gehörte es zum Lehrplan der ersten Hebräisch-Schulen für Einwanderer, den Text der Thora so zu vermitteln, dass er das Leben des jüdischen Volkes in Israel veranschauliche. Ausdrücklich sollten dazu Landkarten und Bildmaterialien eingesetzt werden.[114] Darüber hinaus wurden beispielsweise in arabischen Lehrbüchern palästinensischer Studenten durch die israelischen Behörden Karten herausgerissen, die den Begriff Palästina - hier im Sinne eines Staates - enthielten.[115] Seit der zweiten Intifada habe, so Eyal Weizman, eine „räumliche Wende" im Diskurs um die Besatzung dazu beigetragen, den Konflikt auch als physische, geografische Realität zu begreifen.[116] Im Folgenden kann nur anhand einer kleinen Auswahl an Karten der Versuch unternommen werden, einen Überblick über die verschiedenen Organisationsformen des Raumes zu geben. Der Journalist Joris Luyendijk schildert eindrücklich seinen beruflichen Alltag in Israel, in welchem er sich regelmäßig mit „sieben oder acht verschiedenen Landkarten" auseinandersetzen musste. „Dort die Mutmaßungen, hier das totale Wirrwarr", so seine knappe Zusammenfassung der teilweise sehr unterschiedlichen Aufzeichnungen über Grenzen.[117]

Im Nahen Osten spielt die Wahrnehmung von Grenzen eine zentrale Rolle im Konflikt um Staatsbildung, Territorium und Ressourcen.[118] Für beide Seiten in

---

[114] Vgl. Tom Segev: Die ersten Israelis. Die Anfänge des jüdischen Staates, München 2008, S. 250.

[115] Vgl. Joseph Algazy: Grenzen, S. 237.

[116] Weizman verweist dazu auch auf diverse Projekte einer „Kartografie der Besatzung" im Westjordanland. Vgl. Eyal Weizman: Sperrzonen, S. 297. William F. S. Miles hat erst kürzlich eine Studie zur Pädagogie der geographischen Grenzen in israelischen Schulen vorgelegt. Vgl. William F. S. Miles: Border Pedagogy in Israel, in: Middle East Journal, Jg. 65 (2011) 2, S. 253-277.

[117] Joris Luyendijk: Wie im echten Leben. Von Bildern und Lügen in Zeiten des Krieges, 2. Auflage, Berlin 2007, S. 159.

[118] Auch wenn eine geopolitische Sichtweise nicht Gegenstand der Betrachtung ist, sei an dieser Stelle besonders auf den Konflikt um die Ressource Wasser im Nahen Osten hingewiesen. In diesem Kontext gestaltet sich die Grenzziehung besonders im Einzugsgebiet des Jordan als äußerst schwierig. Die Nutzung der Wasservorkommen im

Israel ist der Begriff der Grenze „ein vager, schwer fassbarer, problematischer Begriff, nachdem sie über hundert Jahre ohne klare Grenzen, dafür aber mit ständigen, gegenseitigen Übergriffen gelebt haben."[119] Den Ausführungen Monika Eigmüllers folgend, werden Grenzen als das Produkt spezifischer sozialer Prozesse verstanden.[120] In diesem Kontext ist eingehend zu klären, über welche Grenzen im Folgenden diskutiert werden soll. Denn wie Jürgen Osterhammel feststellt, „gibt es die verschiedensten Arten von Grenzen: die Grenze der Militärs, der Ökonomen, der Juristen, der Geographen. Sie decken sich selten".[121] Die Grenzen der nationalen Souveränität sind in Israel bis heute nicht endgültig festgelegt. Die Ziehung von politischen Grenzen scheitert im Allgemeinen zu einem hohen Anteil daran, dass eine international anerkannte Grenze nicht nur dazu dient, eine Sache gegen eine andere abzugrenzen, sondern auch als

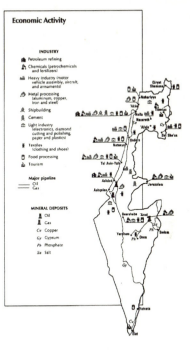

notwendige Bedingung die Konsequenz hat, dass Andere die gemeinsame Grenze anerkennen.[122] Für den Konflikt im Nahen Osten folgt daraus, dass eine nationale Grenze die gegenseitige Anerkennung der staatlichen Souveränität bedingt. Daher

---

      Westjordanland soll, nach Ansicht zahlreicher Wissenschaftler, auch durch die gezielte Siedlungspolitik Israels gesichert werden. Weiterführende Literatur: Manuel Schiffler: Konflikte um Wasser. Ein Fallstrick für den Friedensprozess im Nahen Osten?, in: Aus Politik und Zeitgeschichte, (1995) 11, S. 13-21; Jochen Renger/Andreas Thiele: Politische Verteilungskonflikte um Wasserressourcen. Wassernutzung und Wasserverteilung im Jordanbecken. Israel und seine arabischen Nachbarn, in: Der Bürger im Staat, Jg. 46 (1995) 1, S. 74-82; Moshe Zimmermann: Wende in Israel, S. 81 ff.

[119] David Grossmann: Diesen Krieg kann keiner gewinnen. Chronik eines angekündigten Friedens, München 2003, S. 172.

[120] Vgl. Monika Eigmüller: Der duale Charakter der Grenze. Bedingungen einer aktuellen Grenztheorie, in: Monika Eigmüller/Georg Vobruba (Hrsg.): Grenzsoziologie, S. 55-74, S. 71.

[121] Jürgen Osterhammel: Die Verwandlung der Welt. Eine Geschichte des 19. Jahrhunderts, München 2009, S. 176.

[122] Vgl. Norbert Wokart: Differenzierung im Begriff „Grenze". Zur Vielfalt eines scheinbar einfachen Begriffs, in: Richard Faber/Barbara Naumann (Hrsg.): Literatur der Grenze – Theorie der Grenze, Würzburg 1995, S. 275-289, S. 279.

soll an dieser Stelle der historische Prozess der physischen Grenzziehungen[123] in Palästina und Israel anhand von Verhandlungen und Abkommen dargestellt werden. Denn gerade diese Grenzverschiebungen wirken bis heute in den Nahost-Konflikt hinein. Betrachtet man die physische Grenzziehung als Ausdruck der innergesellschaftlichen Wahrnehmungen und Handlungen, so wird deutlich, dass die folgenden Ausführungen als Grundlage einer gesellschaftlichen Untersuchung über Abgrenzung und Sicherheitsbedürfnis in Israel von Bedeutung sind.[124]

Der Untergang des osmanischen Reiches eröffnete den europäischen Siegermächten des ersten Weltkriegs zu Beginn des 20. Jahrhunderts die Möglichkeit, die Territorien im Nahen Osten neu zu strukturieren. Durch das geheime Sykes-Picot-Abkommen[125] zwischen Großbritannien und Frankreich wurden die nicht-türkischen Teile des früheren Osmanischen Reiches im Mai 1916 in fünf Einflusssphären aufgeteilt. Nach Ende des Ersten Weltkrieges diente dieses Abkommen als Vorlage für die Gebietsaufteilungen im Nahen Osten. Doch erst im Jahre 1922/23 wurden die Grenzlinien des Mandatsgebiets Palästina in der Konferenz von San Remo durch den Völkerbund endgültig festgelegt. Als einzige bereits bestehende Grenze, wurde die, im Jahre 1906 von der damaligen

---

[123] Die physische Grenzziehung wird nicht als bloßer Akt der militärischen Festlegung von Grenz- und Sperranlagen verstanden. Die Einwohner oder Eigentümer üben vielmehr eine gegenseitige Wirkung aus. Dieser Begrenzungsprozesse zwischen den Gesellschaften rückt somit in den Fokus der Untersuchung. Vgl. Georg Simmel: Der Raum und die räumlichen Ordnungen der Gesellschaft, in: Monika Eigmüller/Georg Vobruba (Hrsg.): Grenzsoziologie, S. 15-23, S. 22.

[124] Georg Simmel spricht in diesem Zusammenhang von einer Grenze als „soziologische Tatsache, die sich räumlich formt". Georg Simmel: Soziologie des Raumes, in: Heinz-Jürgen Dahme/Otthein Rammstedt (Hrsg.): Georg Simmel. Schriften zur Soziologie. Frankfurt am Main 1983, S. 221-242, S. 229. Auch der konstruktivistische Ansatz Niklas Luhmanns geht davon aus, dass die Grenze eine konstruierte Realität in der Umwelt der Gesellschaft darstelle. Vgl. Monika Eigmüller: Der duale Charakter der Grenze, S. 66. Ähnlich argumentiert auch Georg Vobruba: „Denn da Grenzen nicht nur Steuerungsinstrumente sind, sondern den Steuerungsanspruch des Staates insgesamt umschreiben, wirken Änderungen von Grenzen auf die staatliche Verfasstheit von Gesellschaft unmittelbar zurück." Georg Vobruba: Grenzsoziologie als Beobachtung zweiter Ordnung, in: Monika Eigmüller/Georg Vobruba (Hrsg.): Grenzsoziologie, S. 217-225, S. 224.

[125] Das Abkommen vom 16. Mai 1916 war eine geheime Übereinkunft zwischen Frankreich und Großbritannien. Es wurde von Francois Georges-Picot und Mark Sykes ausgehandelt. Russland und Italien nahmen an späteren Verhandlungen teil um ebenfalls Gebietsansprüche im Nahen Osten zu sichern. Nach der Oktoberrevolution 1917 enthüllte Russland diese Vereinbarung und erklärte sie für ungültig. Die Hauptpunkte des Sykes-Picot-Abkommens wurden in die drei Völkerbundmandate für Mesopotamien, Palästina und Syrien und Libanon übernommen. Vgl. Tom Segev: Es war einmal ein Palästina, S. 53.

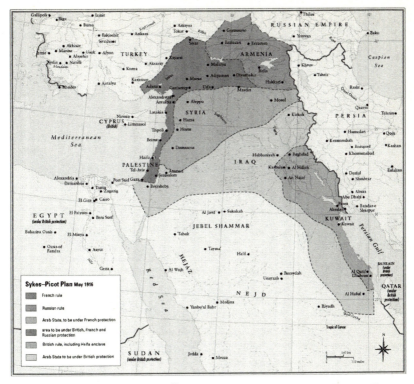

britischen Kolonialregierung in Ägypten und den Osmanen, gezogene Grenze im Süden Palästinas übernommen.[126]

Die zionistische Bewegung hatte zu diesem Zeitpunkt bereits ihre eigenen Vorstellungen der zukünftigen Grenzen des Staates Israel. Als Grundlage dienten meist biblische Ausführungen. So werden im Vierten Buch Mose Kap. 34 Vers 2-12 die Grenzen des Landes Kanaan, welches den Israeliten als erblicher Besitz zufallen solle, umrissen.[127] Diese Grenzen können zwar als imaginär bezeichnet werden, jedoch beriefen sich die Zionisten seit der ersten Wanderbewegung und Besiedlung von Palästina auf zahlreiche solcher geographisch unpräzise gefassten

---

[126] Vgl. Yaacov Lozowick: Israels Existenzkampf, S. 167.
[127] Vgl. Katholische Bibelanstalt (Hrsg.): Die Bibel. Altes und Neues Testament. Einheitsübersetzung, Stuttgart 1980, S. 163. David Ben Gurion hat diese Verweise in der Bibel aufgegriffen: „He [David Ben Gurion] pointed out that God did not specify borders when he had instructed Abraham to go from Ur of the Chaldees to the land of Canaan. […] In the Declaration of Independence, significantly there had been no mention of borders." Vgl. Colin Shindler: A History of Modern Israel, S. 135.

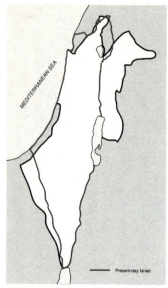

Angaben.[128] Die Diskussion zur Wiederherstellung der biblischen Grenzen Israels unter Einschluss Ostjerusalems, darauf verweist Tom Segev, wurde besonders im Jahr 1966 nochmals lautstark geführt.[129] Besonders die Teilung Jerusalems wurde damals als eine offene Wunde des Staates Israel empfunden. Die Jerusalem-Frage wurde bereits unter Lord William Peel ins Auge gefasst. Der im Sommer 1937 vorgelegt Bericht der gleichnamigen Kommission sah die Aufteilung des britischen Mandatsgebiets in drei Sektoren vor. Neben einem jüdischen und einem arabischen Staat in eigenen Grenzen, sollte die Stadt Jerusalem unter britischer Herrschaft bleiben.[130] Im Verlauf des Zweiten Weltkriegs wurde dieser erste Teilungsplan nicht weiterverfolgt. Erst der Plan der Vereinten Nationen vom November 1947 sollte dazu beitragen, die Grenzverläufe in Palästina grundlegend zu verändern. Dem jüdischen Staat wurden etwa 16.000 Quadratkilometer zugeteilt und dem arabischen Staat sollten etwa 11.000 Quadratkilometer als Territorium zur Verfügung stehen. Die zionistischen Führer akzeptierten diese Grenzen nur vorläufig. Wenig später folgte die Ausrufung des Staates Israel. Die Gebietszugewinne durch den anschließenden Verlauf des ersten israelisch-arabischen Krieg wurden in den Waffenstillstandslinien von 1949 berücksichtigt.[131] Das Territorium des Staates Israel wurde um 6.000

DIE BIBLISCHEN GRENZEN DES KÖNIGREICHS DAVIDS UND SALOMONS IM 10. JH. V. CHR.

---

[128] Vgl. Joseph Algazy: Grenzen, S. 242. Die zahlreichen biblischen Grenzen beschreibt Michael Wolffsohn ausführlich in: Michael Wolffsohn: Wem gehört das Heilige Land? Die Wurzeln des Streits zwischen Juden und Arabern, München 1992, S. 44-51. Avi Primor bemerkt, dass heutige Grenzziehungen des israelitischen Reiches zu biblischen Zeiten fast beliebig gezogen werden könnten. „Sie änderten sich ständig, [...] so dass heute ein israelischer Nationalist, der sich auf die Geschichte berufen will, willkürlich behaupten kann, wo die historischen Grenzen des Landes verliefen." Avi Primor: Terror als Vorwand, S. 91.

[129] Vgl. Tom Segev: 1967. Israels zweite Geburt. Lizenzausgabe der Bundeszentrale für politische Bildung, Bonn 2007, S. 203.

[130] Die sogenannte Peel-Kommission wurde 1937 von der britischen Regierung damit beauftragt, einen Teilungsplan für Palästina in einen jüdischen und einen arabischen Staat zu erarbeiten. Dieser Plan sollte später von arabischer Seite abgelehnt werden und die britische Regierung ließ ihn fallen. Vgl. Tom Segev: Es war einmal ein Palästina, S. 438 ff.

[131] Vgl. Christian Hauswaldt: Der Status von Palästina, S. 42.

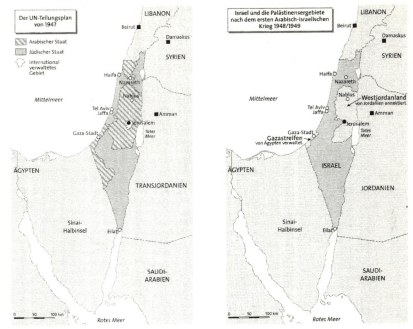

Quadratkilometer erweitert. David Ben-Gurion sprach sich während der Waffenstillstandsgespräche mit Ägypten in Rhodos gegen die Anführung von genauen Grenzen des Staates Israel aus:

Was die Festlegung der Grenzen betrifft: Sie ist eine offene Frage. Sowohl in der Bibel aus auch in unserer Geschichte gibt es alle Arten von Definitionen der Grenzen unseres Landes, also sind uns keine wirklichen Grenzen gesetzt. Keine Grenze ist absolut.[132]

Mit der Besetzung des Gazastreifens und der Sinaihalbinsel während der Suezkrise verkündete David Ben Gurion umgehend „das dritte Israelische Königreich" innerhalb der neu geschaffenen Grenzen.[133] Durch den von der US-Regierung erzwungenen Rückzug der israelischen, französischen und britischen Armee, währte dieses vermeintliche Königreich nicht lange. Joseph Algazy konstatiert an dieser Stelle, dass das junge Israel mit dieser Invasion im Jahr 1956 dem Reiz der

---

132 Zitiert nach: Tom Segev: Die ersten Israelis, S. 38.
133 Vgl. Joseph Algazy: Grenzen, S. 246.

Machtpolitik verfallen sei.[134] Die zionistische Vision eines Groß-Israels[135] sollte mit dem Sieg im Sechstagekrieg neuen Nährboden erhalten. „Auf eine solche Karte sieht man gern", freute sich der damalige Verteidigungsminister Moshe Dajan: „Wir hatten noch nie so gute Grenzen."[136]

Basierten die Grenzen Israels seit der Staatsproklamation vorwiegend auf militärischer Überlegenheit und einer daraus resultierenden physischen Macht, erhielt nun eine neue geographisch-religiöse Terminologie Einzug in die innergesellschaftlichen Grenzdebatten. In diesem Sinne argumentiert Shlomo Sand, wenn er, bedingt durch den militärischen Sieg von 1967, die Rückkehr des „messianischen Nationalismus" auf der politische Bühne verkündet.[137] Die einsetzende Besiedlung des Westjordanlandes basierte Größenteils auf dem 1967 vorgestellten Konzept des Allon-

---

[134] Vgl. Joseph Algazy: Grenzen, S. 246.

[135] Neben Groß-Israel findet auch die Bezeichnung *Eretz-Israel* Verwendung. Ilan Pappe definiert „the greater Israel ideology" als ein Konzept, welches die Gründung eines Staates Palästina durch massive Siedlungswellen in den besetzten Gebieten verhindern und die Diskussion über das Rückkehrrecht der Palästinenser blockieren soll. Vgl. Ilan Pappe: The Fence at the Heart of Palestine, in: Al-Ahram, (2002) Issue No. 594, in: http://weekly.ahram.org.eg/ 2002/ 594/op10.htm (04.03.2011). Die Ursprünge der Groß-Israel- Ideologie liegen hingegen in den Anfängen der zionistischen Besiedlung Palästinas. Ludwig Watzal argumentiert, dass die Zionisten von Beginn an das Land nicht mit der einheimischen Bevölkerung teilen wollte, sondern die Präsenz der Araber generell in Frage stellten. Diese exklusive Ideologie eines Groß-Israels sehe die nichtjüdische Bevölkerung als überflüssig an. Politisch wird diese Denkrichtung seit 1974 durch die national-religiöse Siedlerbewegung *Gush Emunim* artikuliert. Vgl. Ludwig Watzal: Feinde des Friedens, S. 15 ff. „In 1974, Gush Emunim [...] begann a coordinated campaign of establishing housing in populated areas in the West Bank." Colin Shindler: A History of Modern Israel, S. 143. Moshe Zuckermann weist darauf hin, dass die „revisionistische Groß-Israel-Ideologie" in den neunziger Jahren mehr oder minder überlebt habe. Moshe Zuckermann: Eine Mauer wird errichtet, S. 27.

[136] Zitiert nach: o. A.: Mächtige Legende, in: Der Spiegel, (1967) 48, S. 127-142.

[137] Vgl. Shlomo Sand: Les mots et la terre, Paris 2006, S. 113. Ludwig Watzal charakterisiert diesen Aufschwung eines expansionistischen Gedankenguts als *Neo-Zionismus*. Vgl. Ludwig Watzal: Feinde des Friedens, S. 288.

Plans, benannt nach dem damaligen Minister Yigal Allon. Laut diesem Plan sollten zur Sicherung des Landes Siedlungen im besetzten Jordantal und den Golanhöhen errichtet werden.[138] Nach Auffassung Moshe Dajans würde die schnelle Besiedlung durch Schaffung von territorialen Tatsachen den israelischen Anspruch in den besetzten Gebieten stärken.[139] Neben dem sicherheitspolitischen Charakter des Allon-Plans, wurde die Siedlungsbewegung von national-religiösen Tönen begleitet. Mit dem Schlachtruf „Ein befreites Gebiet sollte nie zurückgegeben werden" brachte die Siedlungsbewegung zum Ausdruck, dass sie keinesfalls gewillt sei, die besetzten Gebiete wieder abzutreten.[140] Die Waffenstillstandslinien von 1949 wurden umgehend aus den offiziellen Karten der Regierungsämter und Schulen gestrichen und werden bis heute auch von israelischer Seite nicht als offizielle Landesgrenze anerkannt.[141] Tom Segev beschreibt eindrücklich, wie sich die israelischen Schüler mit der Vorstellung von „Groß-Israel" vertraut machten, wenn

ALLON PLAN VON 1967

[138] Besonders die beiden Gebirgsmassive im Norden und Süden des Westjordanlandes gelten als ein wichtiger militärisch-strategischer Raum. Die Kontrolle über diese Gebiete sollte mit der Besiedlung im Zuge des Allon-Plans gesichert werden. Vgl. Colin Shindler: A History of Modern Israel, S. 138 f.

[139] Vgl. Christian Hauswaldt: Der Status von Palästina, S. 51. Moshe Dajan sprach auf einer Konferenz der Labor Partei im Jahre 1969 von „secure strategic borders". Zitiert nach Colin Shindler: A History of Modern Israel, S. 139. Erst im Lichte der Friedensverhandlungen von Camp David von 1977-1979 revidierte Dajan seine Ansichten zur Siedlungspolitik im Westjordanland. Vgl. Moshe Dajan: Die Mission meines Lebens, S. 7.

[140] Vgl. Joseph Algazy: Grenzen, S. 247.

[141] Vgl. ebd., S. 248. Erel Shalit beschreibt die fehlende kartographische Darstellung der Grünen Linie mit Hilfe eines psychologischen Ansatzes: „In order to reduce the confusion of having two borders, the Green Line is not drawn on maps, nor is it marked on roads." Erel Shalit: Within Borders and without: The Interaction between Geopolitical and Personal Boundaries in Israel, in: Political Psychology, Jg. 8 (1987) 3, S. 365-378, S. 370. Erst seit 2006 sollte die Grüne Linie wieder in israelische Schulbücher eingezeichnet werden. Die gesellschaftliche Unterstützung für dieses, durch den Bildungsminister angeregte Projekt, lag im gleichen Zeitraum bei nur 38 Prozent. Vgl. Ephraim Yaar/Tamar Hermann: Peace Index, Dezember 2006, S. 1 ff.

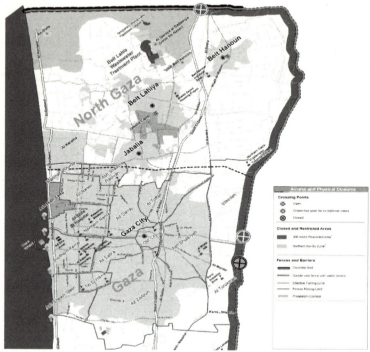

DER ZAUN IM NORDEN VON GAZA

sie einen Blick in die im Mai 1959 vom Schulungscorps der Armee veröffentlichten Mappen unter dem Titel „Israel von Dan nach Eilat" warfen.[142] Bezeichnenderweise verläuft der 1995 eingeweihte „Israel National Trail" als touristischer Fernwanderweg von ebendiesem Dan im Norden des Landes bis hinunter nach Eilat am Roten Meer.[143] Die Ausdehnung und gleichzeitige Verwischung der Grenzen wurde mit der Machtübernahme des rechten Likud 1977 zur politischen Leitlinie. Fortan trieben religiöse und nationalistische Überlegungen den Ausbau und die Erweiterung der besetzten Gebiete voran. Ähnlich der Siedlungsbewegung gegen Ende des 19. Jahrhunderts bestehe die Aufgabe der Landnahme durch die Siedler nach 1967 darin, „der faktischen Einzäunung die politische Grenzziehung folgen zu lassen".[144] Am 20. November 1977 nahm der ägyptische Präsident Anwar al-Sadat in der Knesset Stellung zu

---

[142] Vgl. Tom Segev: 1967. Israels zweite Geburt, S. 220 f.
[143] Weiterführende Literatur: Jacob Saar: Hike the Land of Israel – a complete Guide to the Israel National Trail, Tel Aviv 2009.
[144] Eva Horn: Partisan, Siedler, Asylant. Zur politischen Anthropologie des Grenzgängers, in: Monika Eigmüller/Georg Vobruba (Hrsg.): Grenzsoziologie, S. 239-250, S. 243 ff.

diesem Thema. Er wies ausdrücklich darauf hin, dass der volle Rückzug aus den im Jahre 1967 besetzten Gebieten eine Selbstverständlichkeit sei und ohne diesen Schritt Gespräche über einen dauerhaften und gerechten Frieden sinnlos seien.[145] Dies stellt noch immer die Position der arabischen Staaten im Nahost-Konflikt dar. Vom Zeitpunkt der Rede Sadats an hat sich die Grenzproblematik im Nahen Osten eher verschärft. Seit den Friedensabkommen mit Ägypten im März 1979 und Jordanien im Oktober 1994, wurden zwar die Grenzverläufe zwischen Israel und den beiden arabischen Nachbarn festgelegt, jedoch sind die Grenzen mit dem Libanon, Syrien und mit den Palästinensern noch nicht endgültig definiert. Das Fehlen von unverrückbaren nationalen Grenzen bestimmt bis heute die politische und gesellschaftliche Diskussion in Israel.

„Constructing a hard boundary, that would end Palestinian physical presence within the State of Israel."[146] Die Errichtung einer solchen „harten Grenze" steht für die Trennung der israelischen und der palästinensischen Gesellschaft in politischen, sowie demographischen und ökonomischen Sphären.[147] Unter den Labor-Politikern Yitzhak Rabin, Shimon Peres und Ehud Barak wurde in den 1990er Jahren dieses Konzept der Separation politisch salonfähig. Zwar basierten die Friedensbemühungen in Oslo zwischen 1993 und 1995 noch auf Kooperation und ökonomischer Integration, jedoch verfolgte die Labor-Partei die Separation zwischen Israel und einem zukünftigen Staat der Palästinenser kontinuierlich.[148] Bereits 1992 sprach Rabin, während einer Wahlkampfveranstaltung, davon, Gaza aus Tel Aviv herauslösen zu wollen.[149] Die Trennung beider Völker, schreibt Gershon Baskin, sei tief in der klassisch-zionistischen Labor-Ideologie verwurzelt.[150] Der israelische Polizeiminister Moshe Shahal stellte 1994 ein internes Regierungskonzept zum Rückzug aus den besetzten Gebieten und dem gleichzeitigen Bau eines Trennungszauns vor.[151] Yitzhak Rabin äußerte daraufhin öffentlich, das Westjordanland durch einen elektronisch überwachten

---

Lozowick beschreibt dies als „ihre Taktik, territoriale Interessen durch Errichtung von Siedlungen durchzusetzen". Yaacov Lozowick: Israels Existenzkampf, S. 181.

[145] Rede Anwar al-Sadats vor der Knesset am 20. November 1977, zitiert nach Elmar Krautkrämer: Krieg ohne Ende?, S. 167 ff.
[146] Gershon Baskin: Proposals for Walls and Fences, and their Consequences, in: Palestine-Israel Journal, Jg. 9 (2002) 3, in: http://www.pij.org/details.php?id=119 (04.03.2011).
[147] Vgl. ebd.
[148] Vgl. Elmar Krautkrämer: Krieg ohne Ende?, S. 101 ff.
[149] Vgl. Neill Lochery: The Israeli Labour Party. In The Shadow of the Likud, London 1997, S. 212 f.
[150] Vgl. Gershon Baskin: Proposals for Walls.
[151] Vgl. Graham Usher: Unmaking Palestine: On Israel, the Palestinians, and the Wall, in: Journal of Palestine Studies, Jg. 35 (2005) 1, S. 25-43, S. 32; Colin Shindler: A History of Modern Israel, S. 327.

Trennungszaun abzutrennen zu wollen.[152] Der unter Rabin vollzogene gleichzeitige Stopp des Siedlungsbaus wurde durch die im Mai 1996 gewählte Likud-Regierung Benjamin Netanjahus wiederaufgehoben. Trotz der kurzen Amtszeit Ehud Baraks in der Folge auf Netanjahu kann ab Mitte der 1990er Jahre von einem Wechsel des politischen Klimas gesprochen werden.[153] Avi Shlaim verortet mit der Wahl von Netanjahu die Rückkehr zu einer Politik, die ihre Wurzeln in einem zionistischen Revisionismus habe.[154] Der Spagat zwischen Trennung der Völker und gleichzeitiger Ausdehnung und Festigung des Territoriums bildete fortan den politischen Handlungsrahmen der Politik in Israel. Die Idee der Separation durch einen Trennungszaun wurde erstmals durch die komplette Absperrung des Gazastreifens verwirklicht. Der „umfriedete Gazastreifen" steht aus Sicht der israelischen Regierung exemplarisch als notwendige Abschottung, da es gelungen sei, potentielle Selbstmordattentäter vom Eindringen nach Israel abzuhalten.[155] „The continuous violence waged by the Palestinians since September 2000 seems to have induced Israelis to take a sharp turn to the right on security-related issues."[156] Ein solcher Umschwung der israelischen Bevölkerung *to the right* im Zuge der zweiten Intifada fand seinen Ausdruck in der Wahl Ariel Sharons zum Ministerpräsidenten am 6. Februar 2001. Nach Moshe Zuckermann war die politische Zielrichtung Sharons stets daran orientiert, die Siedlerbewegung in der Westbank zu protegieren, die Siedlungsinfrastruktur voranzutreiben und die damit einhergehende Politik der territorialen Kompromisslosigkeit zu vertreten.[157] Unter Sharons Amtsführung begann Israel im Juni 2002 mit dem Bau des Trennungszauns entlang des Westjordanlandes. Nach Aussagen aus Regierungskreisen handele es sich keinesfalls um eine politische und diplomatische Trennung von den Palästinensern.[158] Der Zaun habe allein sicherheitspolitische Relevanz für die Bürger Israels.[159] Laut den Vorstellungen der Regierung unter Ariel Sharon, soll diese Anlage keine neue politische Grenze zwischen Israel und

---

[152] Vgl. Avi Shlaim: The Iron Wall, S. 599.
[153] Vgl. Elmar Krautkrämer: Krieg ohne Ende?, S. 112; Amos Wollin: Israel – eine Gesellschaft im Wandel, in: Pax Christi – Deutsches Sekretariat (Hrsg.): Naher Osten – Ferner Frieden?, Idstein 1997, S. 17-22, S. 17 ff.
[154] Vgl. Avi Shlaim: The Iron Wall, S. 564.
[155] Vgl. Gisela Dachs: Beton für Frieden, in: Die Zeit, 7. August 2003, in: http://www.zeit.de/ 2003/33/ Zaun (04.03.2011).
[156] Asher Arian: Israeli Public Opinion on National Security, in: Jaffee Center for Strategic Studies, JCSS Memorandum 60, Tel Aviv 2001, in: http://www.inss.org.il/upload/%28FILE% 291190277683.pdf. (04.03.2011), S. 11.
[157] Vgl. Moshe Zuckermann: Eine Mauer wird errichtet, S. 27.
[158] Vgl. Uzi Landau: The Security Fence; Danny Tirza: The Strategic Logic of Israel's Security Barrier.
[159] Vgl. Gisela Dachs: Die israelische Mauer, S.2; Dan Rabinowitz: Borderline Collective Consciousness, S. 2.

Palästina darstellen.[160] Für den ehemaligen UN-Botschafter und Unterhändler im Friedensprozess mit den Palästinensern, Dore Gold, stellt der Zaun eine rein militärische Barriere dar.[161] Die Idee der Trennung beider Völker verbindet die politischen Zielsetzungen von Rabin bis Sharon und Olmert. Dabei konnte die politische Führung Israels auf bestehende Traditionslinien innerhalb der Gesellschaft zurückgreifen.

TRENNUNGSZAUN ENTLANG DES
WESTJORDANLANDES (JULI 2010)

---

[160] Vgl. Danny Tirza: The Strategic Logic of Israel's Security Barrier.
[161] Vgl. Dore Gold: Defensible Borders for Israel.

3. Zionistische Vordenker - Theorien der Abgrenzung

Der Konflikt zwischen der israelischen und palästinensischen Bevölkerung ist ein Konflikt auf nationaler Ebene, der durch die Problematik gekennzeichnet wird, international anerkannte Grenzen zu schaffen.[162] Die Staatsgrenzen als solche haben in der Region des Nahen Ostens jedoch erst nach 1945, mit der Neubildung zahlreicher souveräner Staaten, ihren historischen Moment erlangen können.[163] Tamim Ansary verweist aus einer islamischen Sicht der Globalgeschichte darauf, dass nicht nur die Entkolonialisierung nach dem Zweiten Weltkrieg ihren Höhepunkt erreichte, sondern auch die Ideologie des Nationalstaats.[164] Die Grenzen in den Köpfen der Bevölkerung hingegen sollten bereits mit dem Beginn des 20. Jahrhunderts Gestalt annehmen.

Als Ausgangspunkt für die Vision einer Staatsgründung in Palästina steht die zionistische Bewegung. Der Zionismus ist keine monolithische Denkrichtung, sondern bezieht sich auf unterschiedliche Strömungen.[165] Als gedankliche Vorläufer dieser Bewegung seien an dieser Stelle Moses Hess und Leo Pinsker erwähnt.[166] Beide befassten sich im 19. Jahrhundert mit der Idee einen jüdischen Staat im historischen Palästina zu gründen. David Ben Gurion weist darauf hin, dass die Zionsidee bereits bestehe, seitdem das jüdische Volk ins Exil gegangen sei. Denn dort sehnte es sich nach der Erneuerung seiner nationalen Selbstständigkeit

---

[162] Vgl. Avi Primor/Christiane von Korff: An allem sind die Juden schuld, S. 54. Eine Gegen-position wird von Benny Morris vertreten. Er ordnet den israelisch-palästinensischen Konflikt in den „Kampf der Kulturen" von Samuel Huntington ein. „I think there is a clash between civilizations here." Ari Shavit: Survival of the Fittest? An Interview with Benny Morris, in: Haaretz, 16 Januar 2004, in: http://www.logosjournal.com/morris.htm (04.03.2011).

[163] Vgl. Jürgen Osterhammel: Die Verwandlung der Welt, S. 180.

[164] Vgl. Tamim Ansary: Die unbekannte Mitte der Welt. Globalgeschichte aus islamischer Sicht. Lizenzausgabe für die Bundeszentrale für politische Bildung, Bonn 2010, S. 307.

[165] Vgl. Karen Armstrong: Im Kampf für Gott. Fundamentalismus in Christentum, Judentum und Islam, München 2004, S. 217.

[166] Die Schriften von Moses Hess und Leo Pinsker gelten als Vorläufer der zionistischen Bewegung. Besonders Hess hat durch seine Idee, eine jüdische Bauern- und Arbeiterschaft aufzubauen, die Entwicklung Israels über Jahrzehnte geprägt. Der Rückgewinnung Palästinas als Heimstätte des Judentums, redete er mit seinem 1862 erschienen Buch „Rom und Jerusalem – Die letzte Nationalfrage" das Wort. Leo Pinsker veröffentlichte 1882 seine Schrift „Autoemanzipation". Darin befürwortete er die Besiedelung Palästinas und forderte die Gründung eines Staates. Vgl. Ludwig Watzal: Feinde des Friedens, S. 9-11; Elmar Krautkrämer: Krieg ohne Ende?, S. 20 ff.; Karen Armstrong: Im Kampf für Gott, S. 220.

in der alten Heimat.[167] Theodor Herzl jedoch sollte derjenige sein, der diesen Ideen in den Köpfen „die Kraft des Willens zur Verwirklichung" einzuflößen vermochte.[168] Sein Werk *Der Judenstaat* bildet somit den Ausgangspunkt für die Betrachtung der gesellschaftlichen Abgrenzungen im historischen Palästina und Israel. Auf Herzls Initiative hin wurde im August 1897 der erste Zionistenkongress in Basel einberufen. Der Zionismus wurde durch Herzl um eine politisch-religiöse Zielrichtung erweitert.[169] Fast dreißig Jahre später verfasste Wladimir Jabotinsky den Aufsatz *Die eiserne Mauer*. Dieses Werk ist ein wichtiges Bindeglied zwischen den Ideen in der Anfangsphase der zionistischen Bewegung und der Staatsgründung Israels. Sowohl Herzl, als auch Jabotinsky, nehmen bis heute eine wichtige Rolle als theoretische Vordenker ein. Ihre Ideen und Konzepte könnten daher auch im gesellschaftlichen Kontext zum Bau des Trennungszauns Anklang finden.

3.1 Theodor Herzl - Der Judenstaat

„Der Gedanke, den ich in dieser Schrift ausführe, ist ein uralter. Es ist die Herstellung des Judenstaates."[170] Mit diesen Worten leitet Theodor Herzl im Jahre 1896 seine Abhandlung zur Gründung eines Staates für das in der Diaspora lebende jüdische Volk ein. Er verweist direkt zu Beginn darauf, dass er keineswegs völlig neue Gedanken zu formulieren gedenkt, sondern bereits bestehende Traditionen und Sehnsüchte der im Exil lebenden Juden benennen wird.[171] Herzl wurde 1860 als Sohn einer als assimiliert geltenden, deutschsprachigen jüdischen Familie in Budapest geboren.[172] Als Korrespondent der Wiener *Neuen Freien Presse* verfolgte er in Paris den *Dreyfus-Prozess*[173]. Am 5. Januar 1895 wurde der französische Artilleriehauptmann Dreyfus, aufgrund gefälschter Beweise wegen Spionage und Verrat militärischer Geheimnisse, zu lebenslänglicher Verbannung verurteilt.

---

[167] Vgl. David Ben Gurion: Vorwort, in: Theodor Herzl: Der Judenstaat, S. 5-12, S. 5 ff.

[168] Ebd., S. 7.

[169] Vgl. Ludwig Watzal: Feinde des Friedens, S. 11; Elmar Krautkrämer: Krieg ohne Ende?, S. 21.

[170] Theodor Herzl: Der Judenstaat, S. 13.

[171] Vgl. ebd., S. 13.

[172] Colin Shindler vertritt die These, dass Theodor Herzls Verhältnis zur jüdischen Gemeinschaft während seiner Zeit in Wien sehr distanziert gewesen sei. „Theodor Herzl was an assimilated Viennese Jew, distant from Jewishness and disdainful of the Jewish community." Colin Shindler: A History of Modern Israel, S. 13. Vgl. Avi Shlaim: The Iron Wall, S. 2.

[173] Weiterführende Literatur zum Dreyfus-Prozess: Elke-Vera Kotowski: Der Fall Dreyfus und die Folgen, in: Aus Politik und Zeitgeschichte, (2007) 50, S. 25-32.

Er war der einzige jüdische Offizier im Generalstab.[174] Die antisemitischen Tendenzen, die Herzl im Verlaufe der Anklage in Paris vernahm, bezeichnete er später in seinem Werk als die *Judennot*.[175] Die Not der jüdischen Bevölkerung in Europa nahm in seinen Vorstellungen die elementare Funktion einer „treibenden Kraft" zur Staatsgründung ein.[176] Ganz wesentlich erscheint in seinem Werk der Gedanke, dass die im Exil lebende jüdische Gemeinschaft „als ein Volk" verstanden werden müsse.[177] Betrachtet man die über die ganze Welt verstreut lebenden Juden als zusammengehöriges Volk, so liegt der Gedanke Herzls, sich wie ein Volk zu organisieren und handeln zu müssen, nicht mehr fern.[178] Diesem Volk soll Herzls Ansicht nach eine neue Heimat gegeben werden, „indem wir sie mit ihrem ganzen Wurzelwerk vorsichtig ausheben und in einen besseren Boden übersetzen".[179] Herzl hat gleich mehrere Böden im Blick. Ein Unterkapitel seiner Schrift betitelt er mit *Palästina oder Argentinien?*. Doch mit der Bezeichnung Palästinas als „unvergessliche historische Heimat" und dem Zusatz, dass dieser Name als ein „gewaltig ergreifender Sammelruf für unser Volk" fungieren könne, bezieht Herzl deutlich Position für die Gründung eines Staates in Palästina.[180] Auch wenn er in seinem Buch an späterer Stelle anführt, dass der Judenstaat als eine ganz eigentümliche Neubildung auf noch unbestimmtem Territorium gedacht sei.[181] Herzl verbindet die *Judennot* mit der nationalen Frage, denn nur die Gründung eines eigenen Staates könne die Einheit der Juden gewährleisten. Als Staatsform schlägt er eine aristokratische Republik vor, da Politik nach seiner Auffassung von oben herab gemacht werden müsse.[182] Seine Erfahrungen im Europa des späten 19. Jahrhunderts gaben sicherlich den Ausschlag für seine Überzeugung, dass die jetzigen Völker nicht geeignet seien für die unbeschränkte Demokratie.[183] Heer und Klerus sollten zwar hoch geehrt werden, aber in den Staat der sie auszeichne hätten sie nichts dreinzureden.[184] Herzl erkennt, dass die

---

[174] Vgl. Karen Armstrong: Im Kampf für Gott, S. 216; Elke-Vera Kotowski: Der Fall Dreyfus und die Folgen, S. 25 ff.
[175] Vgl. Theodor Herzl: Der Judenstaat, S. 14. Der Begriff *Judennot* kann als gedankliche Fortführung der seit der Mitte des 19. Jahrhunderts feststehenden Chiffre *Judenfrage* gesehen werden. Die *Judenfrage*, so Wolfgang Benz, fasse einerseits politisches, kulturelles, ökonomisches Unbehagen zusammen und artikuliere andererseits Existenz- und Überfremdungsängste. Vgl. Wolfgang Benz: Was ist Antisemitismus?, Lizenzausgabe für die Bundeszentrale für politische Bildung, Bd. 455, Bonn 2004, S. 83.
[176] Vgl. Theodor Herzl: Der Judenstaat, S. 14.
[177] Vgl. ebd., S. 20.
[178] Vgl. David Ben Gurion: Vorwort, S. 8.
[179] Theodor Herzl: Der Judenstaat, S. 66.
[180] Vgl. ebd., S. 39.
[181] Vgl. ebd., S. 80.
[182] Vgl. ebd., S. 87.
[183] Vgl. ebd., S. 87.
[184] Vgl. ebd., S. 89.

Verflechtung von Militär, Religion und dem neuen Staatswesen nur äußere und innere Schwierigkeiten heraufbeschwören würde.[185] Dies erscheint aus heutiger Perspektive auf den Staat Israel aktueller denn je.[186] Moshe Zimmermann sieht in den neuzeitlichen Beziehungen von Nation und Religion und einer starker gesellschaftlicher Stellung der Armee, die Gefahr eines „Kulturkampfes" in der israelischen Mehrheitsgesellschaft.[187]

Über die Frage ob Herzl und seinen Anhängern keine Bedenken gekommen seien, dass die Besiedlung Palästinas zu Konflikten mit der dort ansässigen, arabischen Bevölkerung hätte führen müssen, hat es in der vergangenen Zeit immer wieder kontroverse Diskussionen gegeben. Lange Zeit wurden in der Historiographie eventuelle Bedenken seitens der Zionisten verneint.[188] Neueste Forschungen hingegen gehen davon aus, dass Herzl auf die zahlreiche Anwesenheit der arabischen Bevölkerung aufmerksam gemacht wurde.[189] Vermittelnd zwischen beiden Positionen argumentiert Shimon Peres, der darauf hinweist, dass die ersten Siedler mehr Informationen über das Land aus der Heiligen Schrift bezogen hätten als aus geopolitischen Büchern. „Es [das jüdische Volk] wusste praktisch nichts über die Araber, die in Eretz Israel lebten, und es glaubte, es würde mit offenen Armen empfangen werden."[190] Nahum Goldmann, der Gründer des Jüdischen Weltkongresses, urteilte rückblickend, es sei der große historische Denkfehler des Zionismus, dass er den arabischen Aspekt nicht ernsthaft genug

---

[185] Theodor Herzl: Der Judenstaat, S. 89.

[186] So wird beispielsweise auf die Problematik hingewiesen, alle Regeln der Zivilgesellschaft auch auf das Militär zu übertragen. Die israelische Gesellschaft laufe Gefahr die Grenze zum Militarismus zu überschreiten. Vgl. Moshe Zimmermann: Die Wende in Israel, S. 108 f.

[187] Vgl. ebd., S. 124 f.

[188] Moshe Zimmermann beschreibt den Mythos der Bewegung des *Ha'Shomer* als ein Gründungs-narrativ des Staates Israel. Diesem zufolge seien die jüdischen Einwanderer der ersten Ein-wanderungswelle ständig der Gefahr eines Angriffs durch die arabische Bevölkerung ausgesetzt gewesen. Aus diesem Grund sei die Organisation „Der Wächter" (*Ha'Shomer*) gegründet worden. Der Historiker Gur Alroi hat nun in einer Studie darlegen können, dass bereits in den ersten Jahren der zionistischen Kolonisation von einer unausweichlichen Konfrontation zwischen Arabern und Juden ausgegangen wurde. Er kommt zu dem Schluss, dass die Zionisten nicht auf Kooperation mit der einheimischen Bevölkerung, sondern auf die Unterordnung derer eingestellt gewesen seien. Vgl. Moshe Zimmermann: Die Angst vor dem Frieden, S. 18 ff.

[189] „Ihre Parole ‚Ein Land ohne Volk für ein Volk ohne Land' war eine totale Missachtung der Tatsache, dass eben dieses Land von palästinensischen Arabern bewohnt war, die ihre eigenen Vorstellungen und Hoffnungen damit verbanden." Karen Armstrong: Im Kampf für Gott, S. 221. Siehe auch: Avi Shlaim: The Iron Wall, S. 3 ff.; Ludwig Watzal: Feinde des Friedens, S. 13 ff.

[190] Shimon Peres: Man steigt nicht zweimal in denselben Fluss. Politik heißt Friedenspolitik, München 1999, S. 128.

zur Kenntnis genommen habe.[191] Theodor Herzl hätte diese Auffassung nicht geteilt. Der Anwesenheit von Menschen im Nahen Osten muss sich Herzl bewusst gewesen sein, als er den *Judenstaat* kämpferisch als ein „Stück des Walles gegen Asien" betitelte.[192] Die Vorstellung, dass man von den in Palästina lebenden Arabern herzlich empfangen werde, liegt Herzls Argumentation nicht zugrunde. Er interpretierte den künftigen jüdischen Staat als eine europäische Kolonie im Nahen Osten.[193] Nach seiner Auffassung würde das jüdische Volk die Rolle eines europäischen „Vorpostendienstes der Kultur gegen die Barbarei" einnehmen.[194] Und gegen eben diese Barbarei gelte es sich, nach Ansicht des Autors, abzugrenzen. Dazu passt die Aussage Herzls, innerhalb eines Briefwechsels mit Jussuf Sia al-Khalidi[195]. Aus diesem lässt sich die Vorstellung Herzls entnehmen, dass die jüdische Ansiedlung dem Land und all seinen Bewohnern kulturellen Fortschritt und Wohlstand bringen würde.[196] Dies war auch gleichzeitig als Legitimation zur Besiedlung gemeint. Für Herzl ist die Gründung eines Staates erst durch den „Daseinskampf eines Volkes" möglich.[197] Das Gegensatzpaar Kultur und Barbarei hat im weiteren Verlauf des Konflikts dazu geführt, die Grenzen in den Köpfen der jüdischen Bevölkerung zu festigen. Bis heute wird Theodor Herzl als geistiger Gründer des Staates Israels verehrt. David Ben Gurion nannte ihn gar „den Seher, den Führer, den politischen Baumeister und den Feldherrn".[198]

3.2 Wladimir Jabotinsky - The Iron Wall

Die Bezeichnung „Feldherr" würde mit Beginn der frühen 1920er Jahre wesentlich treffender den damaligen Führer der Haganah[199] in Jerusalem charakterisieren. Wladimir Jabotinsky wurde 1880 in Odessa, Russland, geboren. Seine radikal-

---

[191] Zitiert nach: Angelika Timm: Israel. Geschichte des Staates seit seiner Gründung, 3. Auflage, Bonn 1998, S. 6.
[192] Vgl. Theodor Herzl: Der Judenstaat, S. 39.
[193] Vgl. Karen Armstrong: Im Kampf für Gott, S. 218.
[194] Vgl. Theodor Herzl: Der Judenstaat, S. 39.
[195] Jussuf Sia al-Khalidi war arabischer Abgeordneter im osmanischen Parlament in Istanbul und Provinzgouverneur in Kurdistan. Er stammte gebürtig aus Jerusalem.
[196] Vgl. John Bunzl: Von Herzl zu Sharon?, S. 2, in: http://www.palaestinensische-gemeinde.at/ herzlsharon. shtml (04.03.2011).
[197] Vgl. Theodor Herzl: Der Judenstaat, S. 81.
[198] David Ben Gurion: Vorwort, S. 5.
[199] Haganah bedeutet „Verteidigung". Sie wurde 1920 zum Schutz der jüdischen Bevölkerung gegründet. Die Gründer der Haganah vermuteten, dass es in naher Zukunft zum Konflikt zwischen der britischen Mandatsverwaltung und den jüdischen Siedlern kommen würde. Vgl. Yaacov Lozowick: Israels Existenzkampf, S. 99.

zionistischen Überlegungen gewannen spätestens mit der Wahl von Menachem Begin, einem Schüler Jabotinskys, zum israelischen Premierminister im Mai 1977 an Einfluss innerhalb der Gesellschaft. "He [Menachem Begin] used to refer to Jabotinsky as 'our teacher, master, and father'."[200] Begins Partei, so analysiert es Tom Segev, fühlte sich den Ansichten von Jabotinsky verpflichtet und hatte ihre Wurzeln in den zwanziger, dreißiger und vierziger Jahren.[201] Begin war der erste israelische Premierminister, der nicht aus dem linken Parteienspektrum an die Macht gelangte. In seiner ersten Regierungserklärung wies er darauf hin, dass es für ihn kein Palästina, sondern nur Eretz Israel geben würde.[202] „As a nationalist ideologue, he was totally committed to the idea of the Land of Israel (Eretz Yisrael)."[203] Die intensive Siedlungspolitik in allen Teilen Israels und dem Westjordanland wurde, interessanterweise neben dem Friedensschluss mit Ägypten, zum Kern seiner Politik. Auch wenn der erste Außenminister im Kabinett Begins, der aus der Arbeiterpartei stammende Moshe Dajan, zu Beginn seiner Amtszeit noch die Hoffnung teilte, die Souveränität Israels nach dem Machtwechsel nicht auf die im Sechs-Tage-Krieg eroberten Gebiete auszudehnen.[204] Die Machtübernahme des national-konservativen Likud-Blocks wird als großer Einschnitt in der israelischen Gesellschaftsgeschichte gewertet.[205]

Bereits 1923 veröffentlichte Wladimir Jabotinsky seinen Aufsatz *The Iron Wall* erstmals in Russland. Er beschreibt darin, dass seine emotionale Beziehung zu den Arabern die gleiche sei, wie zu allen Menschen – „höfliche Gleichgültigkeit".[206] Für Jabotinsky steht außer Frage, dass zukünftig zwei Völker in Palästina leben werden.[207] Im Kern geht er der Frage nach, wie die jüdischen Einwanderer und

---

[200] Avi Shlaim: The Iron Wall, S. 353 f. Shlaim argumentiert dort, dass eine deutliche Verbindung zwischen dem Denken Jabotinskys und der Politik Menachem Begins besteht. Siehe auch: Heiko Flottau: Die Eiserne Mauer, S. 92; Michael Wolffsohn: Wem gehört das Heilige Land, S. 255.

[201] Vgl. Tom Segev: 1967. Israels zweite Geburt, S. 222.

[202] Vgl. Avi Shlaim: The Iron Wall, S. 353; Ludwig Watzal: Feinde des Friedens, S. 40; Yaacov Lozowick: Israels Existenzkampf, S. 189.

[203] Itamar Rabinovich: Waging Peace, S. 24.

[204] Vgl. Moshe Dajan: Die Mission meines Lebens, S. 7 f.

[205] Die aschkenasischen Eliten (kulturell deutsch geprägte Juden europäischen Ursprungs) konnten trotz der massiven Einwanderung der sephardischen Juden (kulturelle orientalische Prägung der iberischen Halbinsel) ihre Macht in Israel lange Zeit aufrechterhalten. Die Aschkenasim waren traditionell im politischen Block der Arbeitsparteien aktiv. Erst das Protestverhalten der Sephardim, die massiv Menachem Begin und seinen Likud unterstützten, führte zum Erfolg des rechten Blockes im Jahre 1977. Vgl. Moshe Zimmermann: Wende in Israel, S. 115. Lozowick spricht von einer „politischen Spaltung" in dieser Zeit. Yaacov Lozowick: Israels Existenzkampf, S. 188.

[206] Vgl. Wladimir Jabotinsky: The Iron Wall.

[207] Vgl. Wladimir Jabotinsky: The Iron Wall.; Avi Shlaim: The Iron Wall, S. 598.

Siedler eine Mehrheit in Palästina erlangen und festigen können. Kulturell verortet er die arabische Bevölkerung als 500 Jahre zurück hinter der jüdischen. Gleichzeitig spricht er den Arabern, im Vergleich zum Judentum, jegliche spirituelle Ausdauer und Stärke des Willens ab.[208] Die aus dieser Zeit stammenden Texte Jabotinskys sind durchzogen von rassistischen und kolonialistischen Gedankenzügen. Solche sind zu dieser Zeit nicht unüblich gewesen. In seinem Aufsatz *The Ethics of the Iron Wall* schreibt Jabotinsky:

> *The soil does not belong to those who possess land in excess but to those who do not possess any. It is an act of simple justice to alienate part of their land from those nations who are numbered among the great landowners of the world, in order to provide a place of refuge for a homeless, wandering people.*[209]

Wladimir Jabotinsky schlägt den Aufbau einer Selbstverteidigungsarmee vor. Dieser militärische Zusammenschluss soll eine *Eisenmauer* in Palästina errichten, welche die arabische Bevölkerung nicht durchbrechen könne und aus dem jüdischen Teil des Staates ausgrenze.[210] Ob dieser Wall von jüdischen oder britischen Soldaten errichtet werden soll, erscheint ihm zweitrangig. Die Abgrenzung gegenüber den Arabern in Form einer militärischen Mauer hat in seinen Aufsätzen eine Vorrangstellung. Erst durch die Errichtung der *Eisenmauer* sei es nach Jabotinsky möglich, in Frieden eine gute Nachbarschaft aufbauen zu können. Trotz der rassistischen Rhetorik, war es nicht sein Vorhaben, das arabische Volk gänzlich aus Palästina zu vertreiben. Die Mauer aus Eisen sollte nach Jabotinsky einen defensiven Charakter einnehmen und als Vorstufe von Verhandlungen über territoriale Ansprüche gelten: „Once Arab resistance had been broken, a process of change would occur inside the Palestinian national movement […]. Then and only then would it be time to start serious negotiations."[211] Eine Vertreibung der Araber erscheint ihm demnach nicht das zu verfolgende Ziel zu sein.

Eine ähnliche Argumentationskette wählte achtzig Jahre später Ariel Sharon, als er darauf hinweist, dass jedes israelisch-palästinensische Abkommen „Sicherheits- und Pufferzonen" beinhalten müsse.[212] Aus Sicht der israelischen Regierung,

---

[208] Vgl. Wladimir Jabotinsky: The Iron Wall.
[209] Wladimir Jabotinsky: The Ethics of the Iron Wall, in: http://www.mideastweb.org/ironwall.htm (04.03.2011). Im Original als Fortführung seines Artikels „O Zheleznoi Stene" in Rassvyet am 11. November 1923 erschienen. Die englische Version „The Ethics of the Iron Wall" wurde am 5. September 1942 im Jewish Standard in London veröffentlicht.
[210] Vgl. Wladimir Jabotinsky: The Iron Wall.
[211] Avi Shlaim: The Iron Wall, S. 15.
[212] Vgl. Dore Gold: Defensible Borders for Israel.

ist die Sicherheit des Staates Israels, die Voraussetzung für Frieden.[213] Sharon formulierte diesen Standpunkt vor der Generalversammlung der Vereinten Nationen im September 2005:

> *I am among those who believe that it is possible to reach a fair compromise and coexistence in good neighborly relations between Jews and Arabs. However, I must emphasize one fact: there will be no compromise on the right of the State of Israel to exist as a Jewish state, with defensible borders, in full security and without threats and terror.*[214]

Als Sharon diese Rede hielt, lag der Baubeginn des Trennungszauns schon 3 Jahre zurück. Seither ist Sharon als der „politische Architekt der Mauer" im Westjordanland bekannt.[215] Wie solche „defensible borders" aussehen könnten, lässt Sharon in der Rede vor der Generalversammlung bewusst offen. Herzl nannte eine solche, zu verteidigende Abgrenzung, den „Wall gegen die Barbarei" und Jabotinsky sprach von der „Eisernen Mauer".

---

[213] Vgl. Yuval Elizur: Israel Banks on a Fence, S. 115.
[214] Ariel Sharon: Rede vor der Generalversammlung der Vereinten Nationen, 15. September 2005, New York, in: http://www.un.org/webcast/summit2005/statements15/isr050915eng.pdf (04.03.2011), S. 3.
[215] Vgl. Heiko Flottau: Die Eiserne Mauer, S. 94.

4. Der Trennungszaun - Fluchtpunkt der Geschichte

Am 16. Juni 2002 hat das israelische Verteidigungsministerium mit dem Bau des Trennungszauns, teilweise auch in Form einer Mauer, entlang des israelischen Kernlands und den besetzten Gebieten im Westjordanland begonnen.[216] Ariel Sharon wurde ein knappes Jahr zuvor zum israelischen Ministerpräsidenten gewählt. Seine vom Likud-Block angeführte Regierung hat das Projekt der physischen Abgrenzung, welches bereits seit Herzl diskutiert wurde, tatsächlich in die Tat umgesetzt. Im Folgenden soll zuerst auf weitere Traditionen und Gedanken zur Abgrenzung der israelischen Gesellschaft eingegangen werden. Denn besonders die Konzeption eines *Iron Wall* sollte unter Rabin und Sharon auf unterschiedliche Weise wieder aufgegriffen werden.

Wladimir Jabotinsky's strategy of the iron wall was designed to force the Palestinians to despair of the prospect of driving the Jews out of Palestine and to compel them to negotiate with the Jewish state from a position of weakness.[217]

Nach den Vorstellungen Jabotinskys sollten demnach zwei Strategien in Palästina verfolgt werden. Die Strategie der militärischen Abschreckung einerseits, und andererseits eine darauf basierende Schwächung der arabischen Bevölkerung mit dem Ziel, eine starke Position für spätere Verhandlungen zu erreichen. Unter Ministerpräsident Rabin wurde im Zuge der Oslo-Verhandlungen mehr Aufwand im Rahmen des zweiten Teils der Strategie Jabotinskys, dem Bereich der Verhandlungen, aufgebracht. Seit dem Amtsantritt von Ariel Sharon scheint sich der politische Handlungsrahmen ausschließlich auf den ersten Teil der Strategie zu reduzieren.

Die Abschottung und Ausgrenzung von Gesellschaften ist mitnichten ein neues Phänomen im Nahen Osten. „This strategy of the Iron Wall served Zionism and Israel relatively well from the 1920s to the end of the twentieth century", so Ian Lustick.[218] Begleitet und unterstützt wurde der Bau des Trennungszauns zu Beginn des 21. Jahrhunderts durch eine bedeutende Wende im Denken der israelischen Gesellschaft.[219] Der Zuspruch zu sogenannten „Separation zones" belief sich laut den Umfragen des Jaffa Center for Strategic Studies im Jahre

---

[216] Vgl. Moshe Zuckermann: Eine Mauer wird errichtet, S. 25.
[217] Avi Shlaim: The Iron Wall, S. 606.
[218] Ian Lustick: Abandoning the Iron Wall: Israel and "The Middle Eastern Muck", in: Middle East Policy, Jg. 15 (2008) 3, S. 30-56, S. 30.
[219] „The decision to build this barrier was the result of a major shift in Israeli thinking." Uzi Landau: The Security Fence; Vgl. Danny Tirza: The Strategic Logic of Israel's Security Barrier.

2002 auf 81 Prozent der Bevölkerung.[220] Die Trennung beider Völker auf dem Boden des historischen Palästina wurde als politische Leitlinie von einer gesellschaftlichen Mehrheit unterstützt. Erst durch diesen Wandel treffen die verschiedenen Vorstellungen über die Abgrenzung zu einem perspektivischen Gesellschaftsbild zusammen. Die israelische Bevölkerung wurde politisch vor die Wahl gestellt, zwischen dem auf den Ideen Herzls basierenden Zionismus der Labor-Partei unter Rabin und Barak, oder dem unter dem Einfluss Jabotinskys stehenden zionistischen Revisionismus des rechten Likud-Blocks zu entscheiden. Hinter beiden Konzepten stehen unterschiedliche Lösungsansätze hinsichtlich der Konfrontation zwischen Arabern und Israelis. Diese Unterschiede stehen seit 1967 für die Kluft zwischen Falken und Tauben, also zwischen Verfechtern der Einbehaltung der besetzten palästinensischen Gebiete und den Befürwortern der Rückgabe dieser Territorien.[221]

Für die weitere Betrachtung der israelischen Gesellschaft könnte der Bau des Trennungszauns einen wichtigen Fluchtpunkt darstellen. Die Untersuchung des Zeitraums seit der Amtsübernahme Sharons fördert durch die Wahl dieses Ereignisses eine andere Vorgeschichte ans Tageslicht, als es eine Betrachtung der Geschichte des Staates Israels mit seinen unterschiedlichen Bruchlinien seit 1948 tun würde.[222] Ein solcher epochaler Bruch scheint eng verbunden mit dem Bau des Trennungszauns und der Persönlichkeit des Politikers Ariel Sharon. Im Kern geht es um eine mögliche Wechselwirkung zwischen der von Staats wegen zu gewährleistenden Sicherheit der Bevölkerung und der Wahrnehmung dieser Pflicht innerhalb der Gesellschaft. Entlang der Abgrenzungslinien von Herzl über Jabotinsky, Begin bis Rabin und Sharon ordnet sich diese Wahrnehmung je nach ihrer Nähe oder Ferne zu einem perspektivischen Gesamtbild.[223]

---

[220] Vgl. Asher Arian: Israeli Public Opinion on National Security 2002, in: Jaffee Center for Strategic Studies, JCSS Memorandum 61, Tel Aviv 2002, in: http://www.inss.org.il/ upload/%28FILE%291190277522.pdf (04.03.2011), S. 26.

[221] Vgl. Moshe Zimmermann: Goliaths Falle, S. 111.

[222] So sieht Avi Shlaim in der Wahl von Ehud Barak 1999 bereits den größten politischen Machtwechsel, gar ein „politisches Erdbeben", seit dem Sieg des Likud 1977. „It was the sunrise after three dark and terrible years during which Israel had been led by the unreconstructed proponents of the iron wall." Avi Shlaim: The Iron Wall, S. 609. Diese Einschätzung ist mit dem erneuten Wahlsieg des Likud hinfällig geworden und erfordert eine Neubetrachtung hinsichtlich der historischen und politischen Bedeutung für Israel.

[223] „In Israel befinden sich die politischen Gruppen überwiegend in der politischen Mitte. Von dort aus wenden sie sich nach links, etwa bei der Unterstützung eines palästinensischen Staates [...] oder bei Verhandlungen mit den Palästinensern, und gleichzeitig nach rechts in Fragen persönlicher und nationaler Sicherheit." David Witzthum: Die israelisch-palästinensische Konfrontation und ihre Widerspiegelung in der öffentlichen Meinung Israels, in: Aus Politik und Zeitgeschichte, (2004) 20, S. 29-37, S. 36.

4.1 Traditionen

Ideen zu Abgrenzungen im Nahen Osten finden sich bereits im Alten Testament. Prophetisch scheint das Buch Sacharja, Kap. 2, 5-9, den heutigen Konflikt zwischen Arabern und Israelis um die Stadt Jerusalem zu beschreiben. Es wird berichtet, wie ein Mann mit einer Messschnur damit beginnt, die Ausdehnung Jerusalems zu vermessen, damit nach der Rückkehr aus dem babylonischen Exil wieder eine Stadtmauer zum Schutz seiner Bewohner gebaut werden kann.[224] Doch diese Vermessung sei überflüssig, heißt es beim Propheten Sacharja. Denn Jerusalem, so ein gesandter Engel, wird „eine offene Stadt sein wegen der vielen Menschen und Tiere, die darin wohnen".[225] Aus heutiger Perspektive könnte man diese biblische Darstellung als Wunschvorstellung für die Zeit nach einem möglichen Frieden zwischen Arabern und Israelis werten. Als Theodor Herzl seine Ausführungen veröffentlichte, war der Konflikt in seinem heutigen Ausmaß noch nicht erkennbar. Wladimir Jabotinsky hatte zwei Jahrzehnte später schon eine konkretere Vorstellung über die zukünftigen Konfliktlinien. Ähnlich wie zur Zeit Sacharjas liegt den Überlegungen zu einer möglichen Abgrenzung der Gesellschaft bei Herzl und Jabotinsky ein defensiver Charakter zugrunde. Die biblische Stadtmauer sollte die Bewohner lediglich vor Eindringlingen schützen. Differenzierter gestaltet sich die Lage bei Jabotinsky. Er sieht in der Abgrenzung die Möglichkeit, das israelische Volk zu einen und den Arabern zu signalisieren, dass diese nur durch Verhandlungen ein friedliches Nebeneinander realisieren können.

An dieser Differenzierung unterscheiden sich im Verlauf der neuzeitlichen israelischen Geschichte die politischen Zielsetzungen. Die Labor-Partei folgt der Auffassung, dass ein Frieden ohne eine deutliche Abgrenzung gegenüber den Arabern nicht möglich sei. Die Idee der Separation gehört fortan zu ihrem politischen Repertoire.[226] Das rechte Parteispektrum um den Likud hingegen stellt die Idee von Eretz Israel in den Vordergrund und sieht in dem Konzept der Eisernen Mauer einen Weg, die territoriale Integrität des Staates zu wahren und weiterhin ausbauen zu können. Gemeinsam ist beiden ideologischen Hauptströmungen in Israel, dass sie die Sicherheit des Staates Israels und seiner Bürger als oberste Priorität und Hauptargument für den Bau des Trennungszauns

---

[224] Die ursprünglichen Mauern Jerusalems wurden 586 v. Chr. durch die Babylonier geschleift. Vgl. Erich Zenger (Hrsg.): Stuttgarter Altes Testament. Einheitsübersetzung mit Kommentar und Lexikon. Katholische Bibelanstalt, Stuttgart 2004, S. 1816.
[225] Katholische Bibelanstalt (Hrsg.): Die Bibel, S. 1072.
[226] Vgl. Gershon Baskin: Proposals for Walls; Dan Rabinowitz: Borderline Collective Consiousness, S. 2; Avi Shlaim: The Iron Wall, S. 502 ff.; Avi Primor: Keine Lösung durch Gewalt, in: Aus Politik und Zeitgeschichte, (2002) 35-36, S. 9-15, S. 12.

anführen.[227] Hillel Frisch betont, dass die sicherheitspolitischen Ideen zum Bau des Zauns im Westjordanland hauptsächlich auf der 1957 errichteten französischen Morris-Linie in Algerien basieren.[228] Während des französischen Kolonialkrieges im Maghreb wurde diese Anlage errichtet, um Tunesien von Algerien zu trennen. Tunesien galt damals als sicherer Rückzugsraum der algerischen Nationalen Befreiungsfront. Unabhängig vom Ausgang dieses Krieges, kommt Frisch zu dem Ergebnis, dass die Morris-Line ihre militärische Effektivität unter Beweis gestellt habe.[229]

In Palästina hat die britische Mandatsmacht bereits 1938 einen Zaun im Norden des Landes errichtet. Unter Sir Charles Tegert wurde eine 75 Kilometer lange Zaunanlage errichtet, um den Anschluss von syrischen und libanesischen Kämpfern an den arabischen Aufstand und den Schmuggel von Waffen über diese Grenzen zu verhindern.[230] Auch dieser Einsatz einer physischen Absperrung habe sich nach der Einschätzung Benny Morris positiv für die britische Mandatsmacht ausgezahlt.[231] Ein Hauptmerkmal der sogenannten Tegert-Linie war ihre gänzlich defensive Ausrichtung. Das britische Militär sah sich dadurch nicht gezwungen, Operationen auf der anderen Seite des Zauns durchzuführen. Darin lag ein weiterer Vorteil, der auch in der Konzeption des Trennungszauns berücksichtigt wurde. Der zeitgeschichtlich jüngste Vorläufer ist der 1995 erbaute Zaun entlang des Gazastreifens. Unter der Federführung von Yitzhak Rabin wurde zwischen dem israelischen Kernland und dem Autonomiegebiet der Palästinenser im Gazastreifen eine 45 Kilometer lange Zaunanlage errichtet. Knapp zehn Jahre später wird dieser Anlage in Regierungskreisen noch immer ein hoher sicherheitspolitischer Vorbildcharakter für den Trennungszaun im Westjordanland eingeräumt: „Only three suicide bombers have come from Gaza where there is already a security fence. Two of them, British citizens, crossed through the gate as tourists", so der ehemalige Minister für Innere Sicherheit, Uzi Landau.[232]

---

[227] Vgl. Moshe Zuckermann: Eine Mauer wird errichtet, S. 25; Dore Gold: Defensible Borders for Israel; Dan Rabinowitz: Borderline Collective Consciousness.
[228] Vgl. Hillel Frisch: (The) Fence or Offense? Testing the Effectiveness of "The Fence" in Judea and Samaria, in: Mideast Security and Policy Studies, (2007) 75, in: http://www.biu.ac.il/Besa/ MSPS75.pdf (04.03.2011), S. 8.
[229] Vgl. ebd., S. 9.
[230] Vgl. Benny Morris: Righteous Victims, S. 150; Hillel Frisch: Fence or Offense?, S. 9.
[231] Vgl. Benny Morris: Righteous Victims, S. 150.
[232] Uzi Landau: The Security Fence; Weiterführende Literatur: Colin Shindler: A History of Modern Israel, S. 317.

4.2 Anfänge unter Rabin

Die Wahl von Yitzhak Rabin zum neuen Ministerpräsidenten, am 23. Juni 1992, sollte das politische Klima in Israel verändern. Mit der wiedererstarkten Labor-Partei an der Spitze der Regierung vollzog sich ein Wandel des Verhandlungsklimas mit den Palästinensern.[233] Die Labor-Partei öffnete sich dem Gedanken, mit den arabischen Nachbarn über einen territorialen Kompromiss zu verhandeln. Rabin realisierte, dass dieses Problem das Herz des arabisch-israelischen Konflikts sei.[234] Colin Shindler betont, dass die Wahl der Labor-Partei keinen Verzicht der Gesellschaft auf die zionistische Ideologie darstelle, aber es sei eine Erklärung der israelischen Öffentlichkeit, dass sie nicht von einer revisionistischen Ansicht überlistet werden wolle.[235] Die abweichenden Ausrichtungen des Zionismus unter Likud und Labor, können stellvertretend für die heterogene israelische Mehrheitsgesellschaft gesehen werden.[236] Im Verlauf der Amtszeit von Rabin traten die ideologischen und politischen Unterschiede zwischen den beiden Parteien vermehrt zutage. Die Garantie der persönlichen Sicherheit der Bürger durch den Staat wurde zum zentralen Thema der gesellschaftlichen und politischen Diskussion.[237] Die palästinensischen Attentate im Verlauf der ersten Intifada trugen den Terror ins israelische Kernland. Der Likud unter der damaligen Führung von Yitzak Shamir bewertete dies als einen permanenten Konflikt zwischen Israel und den Arabern und zog aus diesem Grund einen Friedensschluss mit den Palästinensern nicht in Betracht.[238] Rabin versuchte dieses Denkmuster zu durchbrechen, indem er beispielsweise das Gesetz aufhob, welches jeden Kontakt zwischen Israelis und PLO-Angehörigen unter Strafe stellt.[239] Dadurch half er den Weg zum Oslo-Friedensprozess zu öffnen. Die vorerst geheimen Friedensverhandlungen mit den Palästinensern wurden auf israelischer Seite von Yossi Beilin geführt. Er diente unter Rabin als stellvertretender Außenminister. Nach dem Scheitern der Oslo-Verhandlungen charakterisierte Beilin in einem

---

[233] Vgl. Elmar Krautkrämer: Krieg ohne Ende?, S. 102.
[234] Vgl. Benny Morris: Righteous Victims, S. 616.
[235] Vgl. Colin Shindler: A History of Modern Israel, S. 227.
[236] Moshe Zuckermann schreibt dazu: „Alle bereits in der Ideologie des klassischen Zionismus angelegten Widersprüche und Aporien haben sich mittlerweile zu deutlich erkennbaren sozialen und kulturellen Konfliktachsen verfestigt." Moshe Zuckermann: Eine Mauer wird errichtet, S. 26.
[237] „So erklärt Shlomo Avinery die Kontinuitäten zwischen einem Sharon-Plan dieser Tage und dem Anfang des Weges durch Yitzhak Rabin. Beide Politiker kommen aus dem Bereich der Sicherheitspolitik, agieren aus Sicherheitserwägungen unter einer gegebenen Wirklichkeit und nicht wie Idealisten, die der Realität eine Idee oder Ideologie gegenüberstellen." David Witzthum: Die israelisch-palästinensische Konfrontation, S. 30.
[238] Vgl. Avi Shlaim: The Iron Wall, S. 500.
[239] Vgl. Elmar Krautkrämer: Krieg ohne Ende?, S. 102.

2001 erschienen Aufsatz die unterschiedlichen Ansätze von Labor und Likud für einen möglichen Friedensprozess:

The only practical way forward is to renew security cooperation, and immediately thereafter to negotiate how to implement the series of agreements that have been signed [...]. Prime Minister Sharon's determination that no negotiations will be conducted as long as violence continues sounds justified, but it is erroneous.[240]

Dieser Gegensatz in der Bewertung einer der zentralen Fragen für die Sicherheitsbelange des israelischen Staates, erschien bereits in den 90er Jahren unlösbar und drohte die Gesellschaft zu entzweien. Yitzhak Rabin sollte 1995 von einem Anhänger der ultra-orthodoxen Siedlerbewegung ermordet werden. Avi Shlaim erläutert in seiner Beurteilung des Attentates die tiefe Aufspaltung der israelischen Gesellschaft: „The murder brought to the surface the deep divisions that had been developing inside Israeli society in response to the peace with the Palestinians."[241]

Rabin war, ähnlich wie der spätere israelische Ministerpräsident aus der Labor-Partei, Ehud Barak, ein Befürworter der Separation. Kennzeichnend für dieses Konzept steht auch der Wahlspruch von Ehud Barak im Ringen um den Posten des Ministerpräsidenten im Jahre 1999: „We are here and they are there".[242] Ilan Pappe unterstreicht, dass der zionistische Traum nach den Vorstellungen der Labor-Partei nur durch eine totale Abgrenzung zwischen Palästinensern und Juden erfüllt werden könne.[243] Rabin zog aus seiner Erkenntnis, dass die Separierung unumgänglich sei, aber auch ein Frieden mit den Palästinensern geschlossen werde müsse, die für ihn logische Konsequenz. „The old dichotomy between ‚Us' and ‚Them' is refined."[244] Rabin beauftragte Vertreter der Regierung und des Militärs mit der Planung eines Trennungszauns entlang des Westjordanlandes. „The first serious attempt to transcend the iron wall was made by Yitzhak Rabin", schreibt Avi Shlaim.[245] Der Bau des bereits geplanten Zauns scheiterte in dieser Zeit an zu hohen Kosten und einer einsetzenden Diskussion über den tatsächlichen

---

[240] Yossi Beilin: The Urgency of Constructing Peace, in: The New York Times, 18. April 2001, in: http://www.nytimes.com/2001/04/18/opinion/the-urgency-of-constructing--peace.html?scp=9& sq=&st=nyt (04.03.2011).
[241] Avi Shlaim: The Iron Wall, S. 548.
[242] Vgl. Gershon Baskin: Proposals for Walls.
[243] Vgl. Ilan Pappe: A Fence at the Heart of Palestine.
[244] Dan Rabinowitz: Borderline Collective Consciousness.
[245] Avi Shlaim: The Iron Wall, S. 599. Vgl. Alexandra Senfft: Wider die "Kultur des Konflikts": Palästinenser und Israelis im Dialog, in: Aus Politik und Zeitgeschichte, (2010) 9, S. 3-8, S. 7.

Verlauf der Sperranlage, innerhalb der politischen Lager.[246] Rabin gilt seither als der „intellektuelle Vater des jetzigen Zaunes".[247]

Der Staat Israel verfügt noch immer über keine in offiziellen Karten eingezeichnete östliche Grenze. Von zentraler Bedeutung in der Diskussion über den Verlauf des Trennungszauns ist die Grüne Linie. Für die rechten Parteien stellt die Anerkennung dieser Linie bis heute eine ideologische und sicherheitspolitische, unüberwindbare Hürde dar.[248] Die israelische Linke kann sich durchaus den Bau entlang dieser alten Demarkationslinie vorstellen.[249] Diesbezüglich ist die ablehnende Haltung von Yitzhak Rabin erwähnenswert. Aus sicherheitspolitischen Erwägungen war er gegen den Rückzug auf die Grenzen von 1967.[250] Im Umkehrschluss befand er sich mit dieser Überzeugung auf der gleichen Linie mit dem Likud. Auch Moshe Dajan bevorzugte bereits 1977 die Möglichkeit, eine Pufferzone zwischen beiden Völkern zu errichten, ähnlich dem Sinai, welcher damals von UN-Kontingenten kontrolliert wurde.[251] Die Suche nach Sicherheit des Staates Israels scheint eine durchgängig hohe Zustimmung für den Bau des Trennungszauns in allen großen Parteien zu fördern.

---

[246] Diskutiert wurde über einen Zaun entlang des Flusses Jordan, entlang der Grünen Linie oder innerhalb des Westjordanlandes. Vgl. Danny Tirza: The Strategic Logic of Israel's Security Barrier.

[247] Vgl. David Makovsky: How to Build a Fence, in: Foreign Affairs, Jg. 83 (2004) 2, S. 50-64, S. 52.

[248] Yaakov Amidror hat als ehem. Kommandeur der IDF auch als militärischer Sekretär des Verteidigungsministers gearbeitet. Seine Ansicht steht hier stellvertretend für eine Vielzahl von Politikern des rechten Parteienspektrums: „Von strategischer, militärischer Sicht aus, heißt das Anrecht auf sichere Grenzen, dass Israel Sicherheitszonen jenseits der Linien von 1967 innehaben muss, um sich den künftigen Bedrohungen widersetzen zu können, auch wenn es mit den Nachbarstaaten zu Verträgen kommen sollte." Yaakov Amidror: Israel fordert sichere Grenzen.

[249] Die Zustimmung zu diesem Verlauf ist durchaus ideologisch zu begründen und hebt zuweilen auf die terminologische Problematik der *besetzten Gebiete* ab. „The traditional Israeli Left needs the Green Line so as to define whatever happens on the other side as ‚temporary occupation'." Dan Rabinowitz: Borderline Collective Consciousness. Benny Morris sieht in der Politik Rabins seit 1993 eine effektive Wiederbelebung der Grenzen von 1967. „It effectively resurrected the 1967 borders and underlined Labor's desire to separate Israelis from Palestinians as the best means of assuring the personal security of the Israelis." Benny Morris: Righteous Victims, S. 618.

[250] „Aus rein militärisch-professioneller Sicht allerdings wäre das Vertrauen in die Grenzen von 1967 zur Verteidigung des Staates Israel im Kriegsfalle mit einem sehr großen Risiko für das Bestehen des Staates verbunden, da eine entlang dieser Grenze aufgebaute Armee, im Fall eines künftigen Krieges, die Verteidigung des Staates Israel nicht garantieren kann." Yaakov Amidror: Israel fordert sichere Grenzen. Vgl. Itamar Rabinovich: Waging Peace, S. 42 f.

[251] Vgl. Moshe Dajan: Die Mission meines Lebens, S. 25 f.

4.3 Das Kind der zweiten Intifada

„Im Nahen Osten geht Sicherheit vor Frieden und Friedensverträgen."[252] Dieser Leitsatz entstammt dem 1995 veröffentlichten Buch *Platz unter der Sonne* des Likud-Politikers Benjamin Netanjahu. Avi Primor weist darauf hin, dass Sicherheit zu einem zentralen Thema der Gesellschaft geworden ist.[253] Demnach werden jegliche Friedenspläne als nicht realisierbar betrachtet, wenn die Sicherheit der Bevölkerung nicht überzeugend garantiert werden kann. Shimon Peres Buch *Die Versöhnung* gibt Einblicke in das israelische Sicherheitsbefinden zur Zeit der Oslo-Verträge. Im September 1993 schreibt er darin: „Ohne strengste Sorge für die Sicherheit haben die Vereinbarungen überhaupt keinen Sinn, und das Volk würde sie auch nicht akzeptieren."[254] Der durchschnittliche Israeli, ergänzt Avi Primor, interessiere sich nicht für das Leben und Leiden der Palästinenser, er interessiere sich nur für seine eigene Sicherheit.[255] Ein Jahr vor dem Ausbruch des zweiten Palästinenseraufstandes in Israel schreibt Shimon Peres, dass Israel weiterhin die oberste Priorität seiner Sicherheit einräumen werde.[256]

Spätestens mit dem Beginn der zweiten Intifada, sollten alle früheren Bemühungen um Sicherheit und Frieden nur noch ein weiteres Kapitel der Geschichte im Nahen Osten sein. Die Zeit der Verhandlungen wurde erfolglos beendet. Die Generation der um die Staatsgründung geborenen Politiker, namentlich Benjamin Netanjahu und Ehud Barak, konnte für Israel keinen Frieden und Sicherheit erbringen. Mit der Wahl von Ariel Sharon im Mai 2001 ging die politische Macht wieder auf ein „Mitglied der Generation 1948" über.[257] Itamar Rabinovich bemerkt dazu ironisch, dass ausgerechnet der Auslöser der zweiten Intifada vom Volk das Mandat erhalten habe, die Gewalt zu beenden und das Leben in Israel wieder zu normalisieren.[258] Eine Gegenposition zur These, dass Sharon die zweite Intifada ausgelöst habe, vertritt Yaacov Lozowick. Er schreibt, dass lange bevor Sharon den Tempelberg besuchte, prominente Palästinenser ganz offen Ziele im Rahmen der Friedensverhandlungen nannten, die keine israelische Regierung hätte akzeptieren können. Um dann im Falle des Scheiterns auf dem Verhandlungswege seitens der Palästinenser „nach anderen Mitteln" zu

---

[252] Zitiert nach Moshe Zimmermann: Die Angst vor dem Frieden, S. 13.
[253] Vgl. Avi Primor/Christiane von Korff: An allem sind die Juden Schuld, S. 53 f.
[254] Shimon Peres: Die Versöhnung, S. 47.
[255] Vgl. Avi Primor/Christiane von Korff: An allem sind die Juden Schuld, S. 53.
[256] Vgl. Shimon Peres: Man steigt nicht zweimal in denselben Fluss, S. 46.
[257] Vgl. Itamar Rabinovich: Waging Peace, S. 182. Mit „Generation 1948" sind diejenigen Politiker gemeint, die bereits seit der Staatsgründung eine Funktion im Staat oder Militär bekleiden.
[258] Vgl. Itamar Rabinovich: Waging Peace, S. 182; Moshe Zimmermann: Goliaths Falle, S. 102.

greifen.²⁵⁹ Für die Wähler des Ministerpräsidenten im Jahr 2001 war die Frage nach dem Auslöser der erneuten Gewalt zweitrangig. Die Gesellschaft sehnte sich nach einem Leben in privater Sicherheit. In der *Peace Index*-Umfrage vom November 2001 äußerten 60 Prozent der Befragten, dass sie Israels Sicherheit in mittelmäßig bis hoher Gefahr sehen.²⁶⁰ Aus diesem Grund würden, so Yaar und Hermann, knapp die Hälfte der Befragten militärischen Maßnahmen in den besetzten Gebieten zustimmen.²⁶¹

Ariel Sharon definierte seine zukünftige politische Aufgabe darin, Israel einen endgültigen Frieden und Sicherheit zu ermöglichen. „Sharon originally intended to do it without a fence. But he has been reconciled to the fence, for the sake of national unity", so Ilan Pappe.²⁶² Mit dem Slogan „Sharon alone will bring peace" ging er als Sieger aus dem Wahlkampf mit Ehud Barak hervor.²⁶³ Sharon erhielt mit 62 Prozent der direkten Wählerstimmen einen deutlichen Zuspruch seiner politischen Ausrichtung. Zeit seines politischen Lebens hat Sharon erfahren können, dass die Angst vor dem Feind einen beträchtlichen Teil der israelischen Staatsraison ausmache.²⁶⁴ Mit der Amtsübernahme wusste Sharon diese Situation optimal für sich zu nutzen und begann im Schatten der internationalen Reaktionen auf die Attentate des 11. September 2001 mit der Rückeroberung des Westjordanlandes.²⁶⁵ Moshe Zuckermann formuliert es drastisch: „Für Sharon, so will es zuweilen scheinen, konnte nichts Besseres passieren als die hereinbrechende Gewalt."²⁶⁶ Dem Bau einer festen Trennungsanlage entlang der besetzten Gebiete stand Sharon jedoch skeptisch gegenüber. Er befürchtete, ganz in der Tradition der revisionistischen Idee eines Groß-Israels, dass diese Anlage als zukünftige Staatsgrenze die Siedlungen in den besetzten Gebieten aus dem Staatsterritorium Israels ausgrenzen würden.²⁶⁷ Erst die einsetzende Gewalt im Zuge der zweiten Intifada, sollte zu einer neuen Ausrichtung der israelischen Sicherheitspolitik entlang des Westjordanlandes führen. Die Attentate durch

---

[259] Vgl. Yaacov Lozowick: Israels Existenzkampf, S. 271; Eine ähnliche Auffassung vertritt Avi Primor. Für ihn sei der Besuch Sharons kein wirklicher Grund für einen langen bluten Terrorkrieg. Vgl. Avi Primor: Keine Lösung durch Gewalt, S. 11.
[260] Vgl. Ephraim Yaar/Tamar Hermann: Peace Index, November 2001, S. 1 ff.
[261] Vgl. ebd., S. 1 ff.
[262] Ilan Pappe: The Fence at the Heart of Palestine.
[263] Vgl. Itamar Rabinovich: Waging Peace, S. 182.
[264] Vgl. Moshe Zimmermann: Wende in Israel, S. 72.
[265] Vgl. David Gardner: Letzte Chance, S. 186.
[266] Moshe Zuckermann: Eine Mauer wird errichtet, S. 27.
[267] Vgl. Barry Rubin: Israel's New Strategy, in: Foreign Affairs, Jg. 85 (2006) 4, S. 111-125, S. 120; Shlomo Brom: The Security Fence. Solution or Stumbling Block?, in: Strategic Assessment, Jg. 6 (2004) 4, S. 1, in: http://www.inss.org.il/publications.php?cat=21&incat= &read=684 (04.03.2011); Itamar Rabinovich: Waging Peace, S. 311.

palästinensische Selbstmordattentäter erreichten im März 2002 einen vorläufigen Höhepunkt. In diesem Monat starben 139 Menschen im israelischen Kernland. Die Suche nach Sicherheit der israelischen Gesellschaft wurde auf eine neue Stufe gehoben. Nachdem am 27. März 2002 während des Pessah-Abends 30 Juden einem Attentat zum Opfer fielen, befahl Ariel Sharon die militärische Aktion *Operation Schutzwall*[268]. In der Retrospektive ist durchaus anzunehmen, dass nicht ohne Grund auf die Rhetorik von Wall und Schutz zurückgegriffen wurde. Unmittelbar im Anschluss an die militärischen Angriffe palästinensischer Städte, begann Israel mit dem Bau des Trennungszauns. Dieser stehe, so Tom Segev, ganz im Geiste der schon im Jahre 1967 gesprochenen Worte Moshe Dajans: „Bis hierher: ihr. Ab hier: wir."[269]

In der gegenwärtigen Literatur besteht weitestgehend Einigkeit darüber, dass die endgültige Entscheidung zum Bau des Trennungszauns entscheidend durch die öffentliche Meinung beeinflusst wurde.[270] Den Umfragen des *Tami Steinmetz Center for Peace* im Mai 2001 zufolge stieg, nach den erfolglosen Gesprächen von Oslo und dem Ausbruch der zweiten Intifada, die Zustimmung innerhalb der israelischen Gesellschaft für eine unilaterale Separation auf bis zu 60 Prozent an.[271] Umfragen innerhalb der Wählerschaft Ariel Sharons ergaben eine Zustimmung zur Separation von nur 53 Prozent.[272] Dieses Ergebnis spiegelt zugleich den politisch-gesellschaftlichen Hintergrund wider. Eine Räumung der besetzten Gebiete stößt besonders in den rechten Kreisen auf starke Ablehnung. Diese Wahrnehmung der Größenteils dem rechten Parteienspektrum zugehörenden Israelis, drückt sich in der Befürchtung einer einseitigen Grenzziehung aus. Dadurch würden Fakten geschaffen, die auf einen zukünftigen Staat der Palästinenser hinauslaufen würden.[273] Im Gegenzug unterstützen 76 Prozent der Wähler der Labor-Partei die Trennung von Israelis und Arabern.[274] Auch der Schriftsteller David Grossmann sprach sich in einem Aufsatz im August 2001 für eine friedliche Trennung aus:

---

[268] Im Zuge dieser Aktion wurden Städte in den besetzten Gebieten militärisch angegriffen. „Vor allem das Flüchtlingslager Dschenin litt unter Aggressivität." Moshe Zimmermann: Die Angst vor dem Frieden, S. 39; Vgl. Yaacov Lozowick: Israels Existenzkampf, S. 299.

[269] Zitiert nach Tom Segev: 1967. Israels zweite Geburt, S. 702.

[270] Vgl. Eyal Weizman: Sperrzonen, S. 11; Shlomo Brom: The Security Fence, S. 1; Itamar Rabinovich: Waging Peace, S. 311.

[271] Vgl. Ephraim Yaar/Tamar Hermann: Peace Index, May 2001, S. 2.

[272] Vgl. ebd., S. 2.

[273] Vgl. Benny Morris: Righteous Victims, S. 618; Colin Shindler: A History of Modern Israel, S. 290 f.; Adel Yahya: Die Mauer im Westjordanland, in: Heiko Flottau: Die Eiserne Mauer, S. 25-27, S. 25.

[274] Vgl. Ephraim Yaar/Tamar Hermann: Peace Index, May 2001, S. 2

„Gibt es einen dritten Weg? Natürlich gibt es ihn: die Trennung beider Völker und das Nebeneinander von zwei souveränen Staaten, Israel und Palästina."[275]

Am 14. April 2002 stimmte das israelische Parlament dem Plan zur Errichtung eines Trennungszauns entlang des Westjordanlandes zu. Shlomo Brom bettet diese Entscheidung in einen gesellschaftlichen Zusammenhang: „The decision was the outcome of mounting public pressure."[276] Ariel Sharon habe diese gesellschaftliche Entscheidung in eine politische Botschaft verwandelt: „The prime minister has also shown signs that he intends to use the fence to implement his political concept of a Palestinian state."[277] Dieser Plan Sharons wird auch als *new strategy of separation* bezeichnet.[278] Die Kritiker dieses erneuten Anstoßes einer einseitigen Separation argumentieren, dass diesem Plan allein die Idee zugrunde liege, die Grenzziehung des Staates Israels zugunsten der großen Siedlungsblöcke im Westjordanland einseitig und ohne Verhandlungen vollziehen zu können.[279] „Sharons Strategie basierte darauf, möglichst viel Geographie mit möglichst wenig (palästinensischer) Demographie an sich zu reißen", so David Gardner.[280] In gewisser Weise hat Ariel Sharon in Form dieser *new strategy of separation* die Worte Shimon Peres beherzigt:

> *Er [der Politiker] muss sich der Änderungen, die sich um ihn herum ankündigen und abzeichnen, bewusst sein und sie wahrnehmen, er muss sich neuen Situationen anpassen können und sein Land dabei in die richtige Richtung führen können.*[281]

Fraglich ist, ob die einseitige Grenzziehung und die gleichzeitige Unterstützung der Siedlungsblöcke im Westjordanland der israelischen Gesellschaft tatsächlich Sicherheit garantieren kann und diese in eine, wie von Peres gefordert, richtige Richtung führen kann.

---

[275] David Grossmann: Diesen Krieg kann keiner gewinnen, S. 134.
[276] Shlomo Brom: The Security Fence, S. 1.
[277] Ebd., S. 2.
[278] Vgl. Itzhak Schnell: The Unilateral Consensus in Israeli Society, in: Palestine-Israel Journal, Jg. 13 (2006) 2, in: http://www.pij.org/details.php?id=815 (04.03.2011).
[279] Vgl. Gordon Neve: Can bad fences make good neighbours? Israel's separation wall is being used to annex territory, in: Guardian Weekly Pages, 29.05.2003, S. 22; Itzhak Schnell: The Unilateral Consensus in Israeli Society, S. 3; David Grossmann: Diesen Krieg kann keiner gewinnen, S. 171 ff.; Moshe Zimmermann: Die Angst vor dem Frieden, S. 42 f.; Moshe Zuckermann: Eine Mauer wird errichtet, S. 25; Ilan Pappe: A History of Modern Palestine, S. 267; Idith Zertal: Sünde und Strafe: Israel und die Siedler, in: Aus Politik und Zeitgeschichte, (2008) 17, S. 20-26, S. 26.
[280] David Gardner: Letzte Chance, S. 187. Vgl. Eyal Weizman: Sperrzonen. S. 179 f.
[281] Shimon Peres: Man steigt nicht zweimal in denselben Fluss, S. 54.

4.4 Soziologie der israelischen Grenze

Yaakov Amidror spricht für die Zeit vor dem Baubeginn noch vom einzigartigen Kampf Israels sichere Grenzen in der internationalen Diplomatie zu erzielen.[282] Die einseitige Errichtung des Trennungszauns könnte als neuer Fluchtpunkt in den Beziehungen im Nahen Osten gewertet werden. Für das Verhältnis zwischen Israelis und Palästinensern ergeben sich daraus zwei grundlegende Fragen: Wird der Zaun die Funktion einer Grenze zwischen beiden Gesellschaften einnehmen, und wenn ja, in welcher Form? Dabei ist fraglich, ob die östliche Grenze in Gestalt einer undurchdringlichen Absperranlage Sicherheit für den Staat Israel garantieren kann. Auf der Basis einer kurzen Analyse der israelischen Grenzsituation entlang der besetzten Gebiete im Osten, soll eine Untersuchung der innergesellschaftlichen Zusammenhänge unter grenzsoziologischen Gesichtspunkten erfolgen. Ein Konzept der Grenzsoziologie wurde bereits zu Beginn des 20. Jahrhunderts von Georg Simmel erarbeitet. Grundlegend für die nachstehende Betrachtung sind die auf diesem Konzept basierenden Ausführungen in dem von Monika Eigmüller und Georg Vobruba herausgegeben Buch *Grenzsoziologie - Die politische Strukturierung des Raumes*.[283] Vertreter dieser Ansätze, wie Erel Shalit und Eyal Weizman, verstehen die Grenzen in Israel als ein überwiegend diskursives Produkt spezifischer, sozialer Prozesse.[284] Der Sicherheitsrat der Vereinten Nationen hat ähnliches bereits in der Resolution 242 aufgegriffen. Dort soll jedem Staat im Nahen Osten die Unabhängigkeit auf der Grundlage des internationalen Rechts gewährleistet werden. Bis heute lautet die zentrale Forderung der Resolution 242, dass jedes Land innerhalb sicherer und anerkannter Grenzen in Frieden leben dürfe.[285] Auch dadurch erhalten die historisch-spezifischen Konstitutionsbedingungen einen erhöhten Stellenwert. Die Grenzen im Nahen Osten sind das Resultat historischer und politischer Prozesse.[286] Für die israelisch-palästinensische Grenzräume der Gegenwart prägt Eyal Weizman den Begriff der *elastischen Geografie*. Dieser Raum sei nach Weizman durch eine Mehrzahl vorübergehender, beweglicher, auf- und abbaubarer Synonyme von ‚Grenze' – ‚Trennungsmauern', ‚Barrieren', ‚Blockaden' oder ‚Sperrzonen' gekennzeichnet.[287] Monika Eigmüller interpretiert die Grenze zugleich auch als Produzentin einer eigenen sozialen Ordnung.[288] Die Grenzsoziologie kann so als Analyseinstrument die soziale Wirkung einer

---

[282] Vgl. Yaakov Amidror: Israel fordert sichere Grenzen.
[283] Vgl. Monika Eigmüller/Georg Vobruba (Hrsg.): Grenzsoziologie. Die politische Strukturierung des Raumes, Wiesbaden 2006.
[284] Vgl. Erel Shalit: Within Borders and without, S. 375; Eyal Weizman: Sperrzonen, S. 13.
[285] Vgl. Sicherheitsrat der Vereinten Nationen: Resolution 242, S. 1.
[286] Vgl. Monika Eigmüller: Der duale Charakter der Grenze, S. 55.
[287] Vgl. Eyal Weizman: Sperrzonen, S. 13.
[288] Vgl. Monika Eigmüller: Der duale Charakter der Grenze, S. 55.

Grenzziehung untersuchen. Gleichzeitig ist die konkrete Gestaltung der Grenze auch Ausdruck der politischen und historischen Begebenheiten.

4.4.1 Die Suche nach der Grenze

Mit Blick auf den israelisch-palästinensischen Konflikt, hebt die Grenzsoziologie einen interessanten Aspekt hervor. Es wird der Frage nachgegangen, inwiefern auf der Grundlage von Grenzziehungen, Folgen für ein gesellschaftliches Handeln abgeleitet werden können.[289] „Via Grenzziehungen [soll] überhaupt erst eine Gruppe entstehen, die im Extremfall aber nur in den Aktionen der Grenzziehung als solche eine Gemeinsamkeit bekommt", so Sigrun Anselm.[290] Im Bau des Trennungszauns vollzieht sich die Trennung der Gesellschaft von innen und außen, indem sie die Nicht-Zugehörigkeit der Palästinenser als Ausschlusskriterium definiert. Dabei werden ethnische Merkmale politisiert und als Ein- bzw. Ausschlusskriterium geltend gemacht.[291] Der Trennungszaun übernimmt demnach die Funktion einer gesellschaftlichen Abgrenzung. Diese Sichtweise ist durch die mehrheitliche Unterstützung des Separationsgedankens innerhalb der israelischen Gesellschaft von großer Bedeutung. In der Suche nach einer Begrenzung der Gesellschaft definiert die Zielsetzung, sich gegenüber den Palästinensern abgrenzen zu wollen, auch die Zugehörigkeit im Innern des Raumes. Der Trennungszaun entfaltet auf diese Weise ein gesellschaftliches Bindungselement. „So ist eine Gesellschaft dadurch, dass ihr Existenzraum von scharf bewussten Grenzen eingefasst ist, als eine auch innerlich zusammengehörige charakterisiert", analysiert Georg Simmel.[292]

Der Versuch einer solch bewussten Einfassung der israelischen Bevölkerung gestaltet sich jedoch, aufgrund der seit 1967 vollzogenen Besiedlung des Westjordanlandes, äußerst schwierig. Die Siedlungen im Westjordanland sollen aufgrund von ethnischen und religiösen Kriterien in das Kernland Israels integriert werden.[293] Durch den Bau des Trennungszauns liegt jedoch eine Vielzahl

---

[289] Vgl. Georg Simmel: Der Raum und die räumlichen Ordnungen, S. 21.
[290] Sigrun Anselm: Grenzen trennen, Grenzen verbinden, in: Richard Faber/Barbara Naumann (Hrsg.): Literatur der Grenze-Theorie der Grenze, S. 197-209, S. 199.
[291] Vgl. Michael Shamir/Tammy Sagiv-Schifter: Conflict, Identity, and Tolerance, S. 574; Katja Hermann: Palästina in Israel. Selbstorganisation und politische Partizipation der palästinensischen Minderheit in Israel, Berlin 2008, S. 18.
[292] Georg Simmel: Soziologie des Raumes, S.226.
[293] Moshe Zimmermann argumentiert, dass das Konzept der Trennung letztlich allein aufgrund von ethnischen und religiösen Kriterien durchgesetzt werden kann. Vgl. Moshe Zimmermann: Wende in Israel, S. 78.

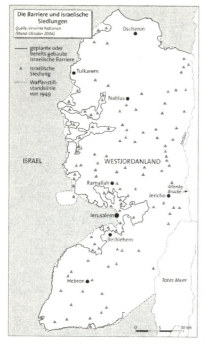

der Siedlungen außerhalb dieses eingegrenzten Territoriums. Die Anwesenheit der Siedler, welche ausdrücklich dem Staate Israel angehören sollen, steht dem möglichen Anspruch, eine politische Grenze zu markieren, diametral entgegen. Eva Horn weist darauf hin, dass sich der Siedler in seiner politischen Wirksamkeit nicht diesseits oder jenseits der Grenze einordnen lasse, sondern dass er die Grenze sei.[294] Siedlungsposten markieren somit eine weitere Ebene der umstrittenen Grenzziehungen im israelisch-palästinensischen Konflikt.[295] Aus diesem Grund erscheint es mehr als fraglich, ob dem Trennungszaun eine politische Grenzfunktion zugeschrieben werden kann. Der Grenzsoziologie Georg Simmels zufolge, soll eine politische Grenze das Bewusstsein symbolisieren, dass sich Macht und Recht eben nicht in die andere Sphäre hinein erstreckt.[296] Aus beiden Ansätzen lässt sich ableiten, dass der Siedlungsbau in den besetzten Gebieten die Möglichkeit verhindert, eine verbindliche politisch anerkannte Grenze zwischen der israelischen und palästinensischen Gesellschaft zu markieren. „At no stage has the State of Israel defined its own borders – optimal, official, secured – nor acted to constitute these borders and win international recognition for them."[297]

Eine politische Funktion des Trennungszauns als Grenze kann, aufgrund des Siedlungsbaus, noch nicht endgültig definiert werden. Eyal Weizman nennt die einseitig gezogenen Grenzlinien in Gestalt des Trennungszauns daher „koloniale Grenzen".[298] Die soziologische Wirkung bleibt davon unberührt. Unter dem Einfluss der sich auflösenden Grenzen in Europa nach dem Zusammenbruch der Sowjetunion, schreibt Shimon Peres im Hinblick auf den Friedensprozess

---

[294] Vgl. Eva Horn: Zur politischen Anthropologie des Grenzgängers, S. 244.
[295] Vgl. Eyal Weizman: Sperrzonen, S. 9.
[296] Vgl. Georg Simmel: Der Raum und die räumlichen Ordnungen, S. 23.
[297] Idith Zertal: Israel's Holocaust and the Politics of Nationhood, Cambridge 2005, S. 184.
[298] Vgl. Eyal Weizman: Sperrzonen, S. 196.

im Nahen Osten Mitte der 1990er Jahre: „Es stellt sich jetzt die Frage, wie sich Identität herausbilden und manifestieren kann in einer Welt ohne Grenzen."[299] Diese Frage scheint in Bezug auf eine Welt ohne Grenzen durch die gegenwärtige Situation überholt. Gerade der Bau des Trennungszauns, als Antwort auf die Terrorwellen der zweiten Intifada, lenkt den Blick wieder zurück auf die Abgrenzung von Gesellschaften als ein *identitätsstiftendes Merkmal*[300]. Danny Tirza bezeichnet den Trennungszaun und das Ringen um dessen Verlauf einen „politischen Seismografen".[301] In Europa gilt die Sicherung des Friedens nach dem zweiten Weltkrieg als ein wichtiges Identifikationsmerkmal der Gesellschaft. Darüber hinaus war dieser Frieden die Grundvoraussetzung für eine Auflösung der europäischen Grenzen. Im Nahen Osten hingegen werden gerade die Grenzen der Nationalstaaten als Notwendigkeit zur Erzeugung von Identität, aber auch Frieden und Sicherheit gewertet.[302] Tom Segev betont, dass die Bürger Israels ohne endgültige oder anerkannte Grenzen mit der Ungewissheit der Vorläufigkeit leben müssten, was es ihnen erschwere, zu einer eigenen Identität zu finden.[303] Dieser Ansatz genießt auch in der gegenwärtigen Grenzproblematik einen hohen Stellenwert. „Die Auseinandersetzung mit den Terrorangriffen [der zweiten Intifada] betrieb Sinngebung, stärkte Identitäten und schuf kulturelle und innergesellschaftliche Solidarität", so die Analyse von David Witzthum.[304] Der unter Ariel Sharon realisierte Trennungszaun setzt damit neue Fluchtpunkte für die israelische Gesellschaft. Dan Rabinowitz beschreibt zwei mögliche Linien dieses Fluchtpunktes als eine Obsession zur psychologischen Differenzierung und dem gleichzeitigen Wunsch, eine zusammenhängende israelische Identität

---

[299] Shimon Peres: Man steigt nicht zweimal in denselben Fluss, S. 10.

[300] Unter *identitätsstiftenden Merkmalen* werden im Folgenden vor allem die persönlichen Neigungen, Interessen und Begabungen eines jeden Bürgers im Sinne des Individualprinzips subsumiert. Vgl. Christoph Horn: Einführung in die Politische Philosophie, Darmstadt 2003, S. 105. Bassam Tibi erweitert die Definition von kollektiver Identität um das Quartett von Mythen, Erinnerungen, Werte und Symbole einer Gesellschaft. Vgl. Bassam Tibi: Krieg der Zivilisationen. Politik und Religion zwischen Vernunft und Fundamentalismus, Hamburg 1995, S. 96. Das Grundprinzip der gesellschaftlichen Identitäten basiert auf den Ausführungen des *Gesellschaftsvertrags* von Jaques Rousseau. Demnach sei das Gemeinwohl der Schnittpunkt der jeweiligen Einzelinteressen. Vgl. Andreas Edmüller: Rousseaus politische Gerechtigkeits-konzeption, in: Zeitschrift für philosophische Forschung, 56 (2002) 3, S. 365-387, S. 382. Zur Problematik der Definition von Identitäten: Vgl. Amin Maalouf: Mörderische Identitäten, Frankfurt am Main 2000, S. 13 ff.

[301] Zitiert nach: Eyal Weizman: Sperrzonen, S. 177.

[302] Vgl. Dan Rabinowitz: Borderline Collective Consiousness, S. 5 f.

[303] Vgl. Tom Segev: 1967. Israels zweite Geburt, S. 203.

[304] David Witzthum: Israels Medien in Zeiten der Not, in: Aus Politik und Zeitgeschichte, (2008) 17, S. 27-32, S. 29.

zu stiften.³⁰⁵ Für Rabinowitz sind beide Linien Teil eines zusammenhängenden *nationalen Projekts*. Mit dem Bau des Trennungszauns treffen diese zwei Linien, Differenzierung und Abgrenzung, aber auch eine identitätsstiftende Zusammengehörigkeit, am Fluchtpunkt im Innern der Gesellschaft zusammen. Ähnlich argumentiert auch Barry Rubin. Er beschreibt die sicherheitspolitische Ausrichtung seit dem Ausbruch der zweiten Intifada als ein neues Paradigma für die israelische Gesellschaft.³⁰⁶ Diese neue Strategie sei eine Revolution und habe als solche die nationale Einheit gefördert.³⁰⁷ Somit steht auch in der Analyse Rubins die Frage der gesellschaftlichen Identität im Mittelpunkt.

Die Suche nach Sicherheit ist eingebettet in das Fundament eines israelischen Politikverständnisses, welches bis heute von der Annahme bestimmt wird, dass die gesamte Welt, im Besonderen die Araber, Israel gegenüber feindlich gesinnt sei.³⁰⁸ So wurde die Angst vor dem Friedensschluss, so Moshe Zimmermann, mit dem einhergehenden Verlust der nationalen Identität, aufgrund fehlender Zusammengehörigkeitsmerkmale, zum ständigen Begleiter der israelischen Gesellschaft.³⁰⁹ Ariel Sharon vermochte es diese kollektive Angst im Verlauf der zweiten Intifada aufzugreifen.³¹⁰ Die Selbstmordattentate seitens der Palästinenser gefährdeten nach Sharons Ansicht dieses nationale Projekt: „Israel will know how to defend itself from the horrors of terrorism. This is why we built the Security Fence […] as would any other country defending its citizens."³¹¹ Kritiker argumentieren, dass dem Bau des Trennungszauns die Festigung der besetzen Gebiete als Besitztum des jüdischen Volkes zugrunde liege.³¹² Zweifelsohne bestehen in den politischen und gesellschaftlichen Lagern grundlegende Unterschiede im Verständnis über den, in Anlehnung an Shimon Peres, richtigen Weg des israelischen Staates und die Realisierung des nationalen Projekts. Alle Betrachtungsweisen vereint jedoch die Vorstellung über eine Abgrenzung, die ein eigenes Territorium nach außen hin begrenzt und nach innen Sicherheit für

---

305 Vgl. Dan Rabinowitz: Borders and their Discontents: Israel's Green Line, Arabness and Unilateral Separation, in: European Studies:, (2003) 19, in: http://online.ceu.hu/ soc_ant/faculty/ docs/rabinowitz/Rabinowitz%202003%20%20Green%20Line,%20 Arabness%20and%20Sepertion%20%28ES%29.pdf (04.03.2011), S. 217-231, S. 217.
306 Vgl. Barry Rubin: Israel's New Strategy, S. 124.
307 Vgl. ebd., S. 125.
308 Vgl. Moshe Zimmermann: Die Angst vor dem Frieden, S. 16.
309 Vgl. ebd., S. 17.
310 Donna Rosenthal gibt dieser kollektiven Wahrnehmung in ihrem Werk ein Gesicht und thematisiert persönliche Erlebnisse und Ängste der Israelis. Vgl. Donna Rosenthal: Die Israelis, S. 14 ff.
311 Ariel Sharon: Rede vor der Generalversammlung der Vereinten Nationen, S. 2.
312 Vgl. Avi Primor: Terror als Vorwand, S. 142; Heiko Flottau: Die Eiserne Mauer, S. 95; Moshe Zuckermann: Eine Mauer wird errichtet, S. 27; David Gardner: Letzte Chance, S. 186.

die Gesellschaft garantiert. Die Stiftung von Identität wird mit der Suche nach Sicherheit gekoppelt. Für Dror Etkes beruht der größte gemeinsame Nenner der israelischen Identität auf der Leugnung einer arabischen Identität.[313] Mit der Folge, dass ein zukünftiger palästinensischer Staat aufgrund eines fehlenden Volkes, das dieses Territorium bevölkern könnte, abgelehnt würde.[314] Die Frage, welchen Teil des ehemaligen Palästinas die israelische Nation als Staatsgebiet einzugrenzen vermag, ist seit der Besetzung der Gebiete im Sommer 1967 auch moralischer Natur und unterliegt einer ständigen Diskussion innerhalb der Gesellschaft.[315] Avi Primor betont an dieser Stelle die übergeordnete Bedeutung der Sicherheit für das israelische Kollektiv:

> *Die Juden als Gemeinschaft – der Staat Israel – haben aus der Erfahrung der nationalistischen Vernichtung und aus zweitausend Jahren Verfolgung die Konsequenz gezogen, dass die eigene Sicherheit und das Überleben Vorrang haben gegenüber der Frage der politischen Moral.*[316]

Eine zukünftige, endgültige Grenze unterliegt demnach zu allererst den Anforderungen nach kollektiver Sicherheit. Der Versuch, durch eine physische Abgrenzung von den Palästinensern Sicherheit zu erlangen, ist zu einem wichtigen Identitätsmerkmal der israelischen Gesellschaft geworden.

4.4.2 Das Streben nach Sicherheit

Joseph Algazy kommt in seiner spezifischen Analyse über die Grenzen im israelisch-arabischen Konflikt zu dem Ergebnis, dass Israel noch immer bezaubert sei von der Illusion entfernter Grenzen als Sicherheitsquelle.[317] Sicherheitsexperten sprechen in diesem Zusammenhang von einer *strategischen*

---

[313] Vgl. Dror Etkes: The Identity Conflict. Unilateralism and who is an Israeli, in: Palestine-Israel Journal, Jg. 13 (2006) 2, in: http://www.pij.org/details.php?id=822 (04.03.2011), S. 1.
[314] Diese Position vertrat beispielsweise die ehemalige Ministerpräsidentin Golda Meir. „Golda Meir took a preposterous position by denying that Palestinian people exist at all." Avi Shlaim: The Iron Wall, S. 598.
[315] Die Diskussion reicht von Befürwortern eines Territoriums in den Grenzen von 1967, mehrheitlich im linken Parteienspektrum, bis zur Ablehnung vor allem in den Kreisen der Siedlungsbewegungen. Besonders Ariel Sharon gilt als großer Unterstützer der Siedler im Westjordanland. Vgl. David Makovsky: How to Build a Fence, S. 54; Heiko Flottau: Die Eiserne Mauer, S. 94 ff.
[316] Avi Primor/Christiane von Korff: An allem sind die Juden schuld, S. 171.
[317] Vgl. Joseph Algazy: Grenzen, S. 250.

Tiefe als Voraussetzung für die zukünftige Grenzziehung des Staates Israel.[318] Folgt man dieser Argumentation, so könnte Israel, aufgrund des geographischen Zuschnitts in den Grenzen von 1967 seine Fähigkeit, sich selbst zu verteidigen, verlieren.[319] Würde man den Verlauf des Trennungszauns, welcher sich zumindest in groben Zügen am Verlauf der Grünen Linie orientiert, als eine zukünftige Grenze einstufen, wäre die Vorstellung von entfernten Grenzen Vergangenheit. Dieser Logik folgte auch schon Yitzhak Rabin in seiner letzten Rede vor der Knesset: „Wir werden uns nicht auf die Linien des 4. Juni 1967 zurückziehen. Die Sicherheitsgrenze zur Verteidigung des Staates Israel wird im Jordantal - im weitesten Sinne des Wortes - verlaufen."[320]

Dass der gegenwärtige Verlauf des Trennungszauns einen Vorgriff auf eine spätere politische Grenze zwischen Israel und einem palästinensischen Staat darstellen könne, gehört seit Baubeginn zum Gegenstand der Diskussion.[321] Danny Tirza schreibt, in seiner Funktion als Verantwortlicher für den Verlauf des Trennungszauns: „The line of the fence is not going to set the borders of Israel."[322] Nach seiner Ansicht gehe es ausschließlich um die Realisierung einer Sicherheitslinie.[323] Diese Meinung steht stellvertretend für die Regierungskreise unter Ariel Sharon und Ehud Olmert. Auch die Wahlergebnisse zur Knesset lassen seit Sharons Amtsübernahme auf eine hohe gesellschaftliche Zustimmung zu dieser Politik schließen.[324] Peter Lagerquist führt eine gegenteilige Meinung an. Er stellt die Aussicht auf eine endgültige Staatsgrenze in den Mittelpunkt. Demnach stoße der Bau des Trennungszauns gerade auf Zuspruch innerhalb

---

[318] Vgl. Shimon Peres: Die Versöhnung, S. 36; Yaakov Amidror: Israel fordert sichere Grenzen.
[319] Vgl. Yaakov Amidror: Israel fordert sichere Grenzen.
[320] Yitzhak Rabin: Rede vor der Knesset, 5. Oktober 1995, Jerusalem, in: http://www.mfa.gov.il/ MFA/MFAArchive/1990_1999/1995/10/PM+Rabin+in+Knesset+Ratification+of+Interim+Agree.htm (04.03.2011).
[321] Vgl. Moshe Zuckermann: Eine Mauer wird errichtet, S. 25 ff.; Dror Etkes: The Identity Conflict, S. 3.
[322] Danny Tirza: The Strategic Logic of Israel's Security Barrier.
[323] Vgl. ebd.
[324] So lag das Ergebnis des Likud-Blocks im Jahr 2003 bei 29,39 Prozent. Die Neugründung der Kadima-Partei unter Ariel Sharon ist ein weiteres Indiz für die hohe Unterstützung seiner Politik. Sie erhielt im ersten Anlauf zur Wahl der Knesset 2006 22 Prozent der Stimmen. Darüber hinaus sorgten die 9 Prozent des Likud in der Wahl 2006 für eine weitgehend stabil bleibende Unterstützung Sharons im Vergleich zu 2003. Die Wahlen von 2009 waren ein eindeutiges Bekenntnis der von Sharon angestoßenen Politik. Kadima erhielt 22,5 Prozent und der Likud 21,6 Prozent der Stimmen. Quelle: http://www.knesset.gov.il/description/eng/ eng_mimshal_res.htm (04.03.2011).

der israelischen Gesellschaft, da er zum ersten Mal überhaupt eine Art Grenze zwischen Israel und dem Westjordanland markiert.[325]

Der grenzsoziologische Blick zeigt (auch) die gesellschaftlichen Beweggründe zum Bau des Trennungszauns. Nach Georg Simmel sind Grenzen das Resultat sozialer Beziehungen innerhalb einer Gesellschaft.[326] Die Konstitution der israelischen Bevölkerung sei besonders stark geprägt durch die Erfahrungen und Traumata der Jahre zwischen 1939 und 1973, so Moshe Zimmermann.[327] Die einzigartige Grenzsituation und die Bedrohung von außen übernimmt seit jeher eine entscheidende Funktion in der Geschichte des Staates Israel.[328] Auch wenn die Siedler bereits zu Beginn des 20. Jahrhunderts einer kriegerischen Konfrontation mit den Arabern gegenüberstanden, ist dem *Shoah-Trauma*[329] eine zentrale Rolle für das Streben nach Sicherheit der israelischen Gesellschaft zuzuschreiben. In Israel seien die Angst vor Antisemitismus und nach 1945 auch die Furcht vor einer Wiederkehr der Shoah aus Europa importierte Traumata. Diese traumatische Erfahrung trage dazu bei, dass die Angst vor dem Frieden größer sei als die Angst vor dem Krieg.[330] Gerade die Sicherheitsfrage ist in Israel eng mit kollektiven Erinnerungen verknüpft, schreibt Moshe Zimmermann.[331]

Georg Simmel beschreibt die sicherheitspolitische Funktion der Grenze als einen Rahmen, der für die soziale Gruppe eine sehr ähnliche Bedeutung habe wie ein Kunstwerk. Mit Hilfe eines solchen Kunstwerks versucht sich die israelische Gesellschaft seit Gründung des Staates, in den Worten Georg

---

[325] Vgl. Peter Lagerquist: Fencing the Last Sky: Excavating Palestine after Israel's „Separation Wall", in: Journal of Palestine Studies, Jg. 33 (2004) 2, S. 5-35, S. 20.

[326] Vgl. Georg Simmel: Der Raum und die räumlichen Ordnungen der Gesellschaf, S. 20 f.

[327] Vgl. Moshe Zimmermann: Wende in Israel, S. 72.

[328] Vgl. Avi Primor/Christiane von Korff: An allem sind die Juden schuld, S. 179; Nahum Goldmann: Staatsmann ohne Staat, Köln 1970, S. 445. "This unique border situation is assumed to influence the individual, his comprehension and conceptualization of reality, and the interrelationship between individual and collective processes." Erel Shalit: Within Borders and Without, S. 367.

[329] Als Shoa (hebräisch: Verwüstung, Katastrophe), oder auch Holocaust, wird die Ermordung von als Juden definierten Menschen durch das nationalsozialistische Regime bezeichnet. „The memory of the Holocaust was a powerful psychological force that deepened the feeling of isolation and accentuated the perception of threat." Avi Shlaim. The Iron Wall, S. 238. "Through a dialectical process of appropriation and exclusion, remembering and forgetting, Israeli society has defined itself in relation to the Holocaust." Idith Zertal: Israel's Holocaust and the Politics of Nationhood, S. 3.

[330] Vgl. Moshe Zimmermann: Die Angst vor dem Frieden, S. 23.

[331] Vgl. ders.: Die Wende in Israel, S. 83. Siehe zu den beiden den Nahostkonflikt bestimmenden Traumata „Holocaust" und „Nakba" auch: Gilbert Achcar: The Arabs and the Holocaust: The Arab-Israeli War of Narratives, New York 2010.

Simmels, „gegenüber der umgebenden Welt ab- und es in sich einzuschließen".[332] Der Ansatz Simmels wird durch Monika Eigmüller aufgegriffen und erweitert. Sie definiert die Grenze soziologisch als Produkt, aber auch als Produzent von sozialer Ordnung.[333] Der Bau des Trennungszauns wird durch diesen Zugang zum metaphorischen Spiegel der Gesellschaft. Eine generelle Zustimmung oder Ablehnung dieser Baumaßnahme lässt Rückschlüsse auf die gesellschaftliche Ordnung zu. Doch in Grenzfragen reicht nicht nur der Blick nach innen. Das Verhältnis zu den arabischen Nachbarn muss im Sinne Georg Simmels mitunter als ebenso wichtig erachtet werden. Simmel charakterisiert die Gestaltung einer Grenze als den räumlichen Ausdruck jenes einheitlichen Verhältnisses zwischen zwei Nachbarn.[334] Die Interaktion zwischen der israelischen und palästinensischen Bevölkerung gewinnt in der Frage der Grenzziehung somit an Bedeutung. Die Zustimmung der israelischen Bevölkerung zum Bau des Trennungszauns war bereits zu Baubeginn extrem hoch.[335] Gleichzeitig wurde auch die gesellschaftliche Trennung mehrheitlich gewünscht.[336] Ähnliches lässt sich auch für die palästinensische Seite konstatieren.[337] Die Sehnsucht und Suche nach Sicherheit, so Moshe Zimmermann, habe die Menschen dazu bewegt, für eine Trennung beider Bevölkerungsgruppen zu votieren.[338] In dieser Perspektive kann der Trennungszaun dazu beitragen, die Fantasie von Gefahr, Selbstschutz und Verteidigung zu beleben. Dies entspräche dem Gedankengang über die seelische Wirksamkeit einer Grenze bei Sigrun Anselm.[339] Auch an dieser Stelle scheint das identitätsstiftende Merkmal zu überwiegen.

Bezogen auf den ursprünglichen Charakter, als eine reine Sicherheitsmaßnahme, kristallisieren sich zwei unterschiedliche Positionen zur tatsächlichen Effektivität des Trennungszauns heraus. Nach Angaben eines Regierungsvertreters des rechten Lagers und eines Angehörigen des Militärs, habe der Trennungszaun, durch eine deutliche Reduzierung von Selbstmordattentaten in Israel, seine Existenzberechtigung durch die Schaffung von Sicherheit unter Beweis gestellt.[340]

[332] Georg Simmel: Der Raum und die räumliche Ordnung, S. 20.
[333] Vgl. Monika Eigmüller: Der duale Charakter der Grenze, S. 59.
[334] Vgl. Georg Simmel: Der Raum und die räumlichen Ordnungen, S. 21.
[335] Die Umfragen von Ephraim Yaar und Tamar Hermann ergaben eine Zustimmung von 57 Prozent innerhalb der israelischen Bevölkerung im Juni 2002. Vgl. Ephraim Yaar/ Tamar Hermann: Peace Index, June 2003, S. 2.
[336] Vgl. Avi Primor/Christiane von Korff: An allem sind die Juden Schuld, S. 220; David Witzthum: Die israelisch-palästinensische Konfrontation, S. 34.
[337] Vgl. Asher Arian: Israeli Public Opinion on National Security 2002, S. 11.
[338] Vgl. Moshe Zimmermann: Wende in Israel, S. 78 f.
[339] Vgl. Sigrun Anselm: Grenzen trennen, S. 197.
[340] Vgl. Uzi Landau: The Security Fence; Danny Tirza: The Strategic Logic of Israel's Security Barrier; Gershon Baskin: Proposals for Walls and Fences. Siehe auch: Heiko Flottau: Die Eiserne Mauer, S. 15f.

Die israelische Bevölkerung teilt diese Meinung zunächst. Im Jahr der Wahl Ariel Sharons geben nur 16 Prozent an, dass nach ihrer Ansicht der Trennungszaun die Gefahr vor terroristischen Anschlägen nicht verhindern könne.[341] Dieser Wert fällt im Jahr 2006 um weitere 2 Prozentpunkte und belegt damit einen konstant hohen Zuspruch der Bevölkerung aufgrund einer potentiellen Abwehr von Attentaten innerhalb des israelischen Staates.[342] Dem Meinungsbild der Gesellschaft zufolge erfüllt der Trennungszaun die Funktion einer Sicherheit garantierenden Abgrenzung. Hillel Frisch hat in seiner Studie die Effektivität des Zauns untersucht. Dort kommt Frisch zu folgendem Ergebnis: „The fence thus can only be a barrier whose effectiveness is much dependent on offensive action or the threat to use it."[343] Eine „offensive action" impliziert die Stationierung von militärischer Gewalt entlang des Trennungszauns. Dieser Sichtweise widerspricht Shimon Peres noch vor dem Ausbruch der zweiten Intifada. Er fordert in seinem Plädoyer zur Versöhnung vielmehr „weiche Grenzen", um „auf die Stationierung von Militär direkt an der Grenze zu verzichten".[344] Diese Vision von Peres kann als historisch überholt eingestuft werden. Yitzhak Rabin und Shimon Peres seien noch nicht bereit gewesen, den Traum über einen *Neuen Mittleren Osten*, aufzugeben, urteilt Yuval Elizur.[345] Wie bereits erläutert, stimmt eine große Mehrheit der israelischen Bevölkerung der Abgrenzung entlang des Westjordanlandes zu und spricht sich somit auch gegen die Vorstellung von weichen Grenzen im Nahen Osten aus.

Diese Entwicklung zeigt, dass auch die Ideen und Konzepte von Theodor Herzl und Wladimir Jabotinsky in der israelischen Gesellschaft Anklang gefunden haben.[346] „For Israel's political class, the consecration of the wall […] marked a posthumous victory for the 'iron wall' revisionism of Wladimir Jabotinsky."[347] Die Abgrenzung ist zum Leitmotiv einer mehrheitlich unterstützten Politik geworden.[348] Der epochale politische Umbruch liegt, ausgelöst durch den Bau

---

341 Vgl. Ephraim Yaar/Tamar Hermann: Peace Index, Oktober 2003, S. 3.
342 Vgl. ebd., April 2006, S. 3.
343 Hillel Frisch: Fence or Offence?, S. 23.
344 Shimon Peres: Die Versöhnung, S. 237. Peres vertritt die Vorstellung von einem *Neuen Mittleren Osten* ohne Grenzen. Als Vorbild dient ihm die europäische Integration auf der Basis von wirtschaftlicher Zusammenarbeit im Sinne von Jean Monnet. Vgl. David Makovsky: How to Build a Fence, S. 53; Colin Shindler: A History of Modern Israel, S. 327 f.
345 Vgl. Yuval Elizur: Israel Banks on a Fence, S. 115.
346 Vgl. Avi Shlaim: The Iron Wall, S. 609; John Bunzl: Von Herzl zu Sharon?, S. 2; Heiko Flottau: Die Eiserne Mauer, S. 88f.
347 Graham Usher: Unmaking Palestine, S. 33.
348 Laut Peace Index lag bereits 2001 die Zustimmung zur Politik der „Unilateral Separation" bei 60 Prozent der israelischen Bevölkerung. Vgl. Ephraim Yaar/Tamar Hermann: Peace Index, Mai 2001, S. 2; Yuval Elizur: Israel Banks on a Fence, S. 106.

des Trennungszauns, in der Zusammenführung der politischen Lösungskonzepte linker und rechter Parteien.[349] Ariel Sharon gelang es durch den Bau des Trennungszauns, eine ursprüngliche Idee der israelischen Linken aufzugreifen und diese mit seinen eigenen territorialen Visionen auszufüllen.[350] Weder der Gedanke des zionistischen Revisionismus, noch die Idee der vollständigen Separation, hatte sich bislang gesellschaftlich durchsetzen können. Die Gründung der Partei Kadima im Jahre 2005 steht charakteristisch für diese Entwicklung. Bezeichnenderweise gründete Ariel Sharon nach seinem freiwilligen Ausscheiden aus dem Likud-Block diese Partei. Der Name Sharon scheint sich ein weiteres Mal mit dem epochalen Bruch der israelischen Gesellschaft zu verbinden. Die Kadima vereint sowohl Politiker des Likud, wie Zivi Livni, als auch solche der Labor-Partei, wie Shimon Peres. Damit formiert sie sich als Partei der Mitte. Durch diese unterschiedlichen politischen Vertreter in ihren Reihen könnte sie dazu beitragen, einen möglichen gesellschaftlichen Umbruch anzuführen. Moshe Zimmermann hingegen sieht in der von der Kadima vertretenen Politik, speziell seit der Amtsübernahme Olmerts, keine Kehrtwende der israelischen Politik. Zur Begründung führt er an, dass sich in Bezug auf die Palästinenser praktisch nichts geändert habe.[351] Die Sicht der israelischen Gesellschaft auf die Palästinenser, sozusagen als ein bipolarer Blickwinkel des Konflikts, scheint jedoch nicht mehr zum politischen Repertoire zu gehören, wie es noch zu Zeiten der Oslo-Verhandlungen den Anschein hatte. Knapp 62 Prozent der Likud-Anhänger und 42 Prozent der ursprünglichen Labor-Wähler unterstützten den Ansatz der neuen Mitte von Beginn an.[352] In den Wahlen zur Knesset 2006 wählten die Israelis Kadima auf Anhieb zur stärksten Fraktion.[353] Nachdem Ehud Olmert den Parteivorsitz von Ariel Sharon übernommen hatte, verkündete er die großflächige Räumung des Westjordanlandes und die Festsetzung von Grenzen bis ins Jahr 2010.[354] Deutlicher ist der alleinige Fokus auf die israelische Gesellschaft nicht zu artikulieren. Darüber hinaus steckt in dieser Zielsetzung auch ein Bruch mit dem historischen Ziel Sharons, die besetzten Gebiete als Besitztum des israelischen Volkes zu sichern.[355] Aufschlussreich für den angestrebten Politikwandel ist ein

---

[349] Vgl. Gershon Baskin: Proposals for Walls and Fences; David Witzthum: Die israelisch-palästinensische Konfrontation, S. 31.
[350] Vgl. Peter Lagerquist: Fencing the Last Sky, S. 6.
[351] Vgl. Moshe Zimmermann: Die Angst vor dem Frieden, S. 46 f.
[352] Vgl. Colin Shindler: A new History of Modern Israel, S. 337.
[353] Vgl. David Gardner: Letzte Chance, S. 187.
[354] Vgl. David Makovsky: How to Build a Fence, S. 51; Christoph Schult: Der Stellvertreter, in: Der Spiegel, Jg. 63 (2006) 13, in: http://wissen.spiegel.de/wissen/image/show.html? did=46421547&aref=image036/2006/03/25/ROSP200601301220123.PDF&thumb=false (04.03.2011), S. 122-123, S. 123.
[355] Vgl. Avi Primor: Terror als Vorwand, S. 142; Colin Shindler: A History of Modern Israel, S. 290.

früheres Zitat Olmerts: „Um die jüdische Bevölkerungsmehrheit von Jerusalem zu sichern, müssen wir auf die arabischen Stadtteile verzichten."[356] Olmert zielt in dieser Aussage, auch mit Hinblick auf seine damalige Funktion als Bürgermeister Jerusalems, auf die demographische Entwicklung in Jerusalem und Israel ab. Hier ist zum einen die deutliche Annäherung zur Konfliktstrategie des linken Lagers deutlich. „Olmert was thus embracing the left's chief argument in the post-1967 debate", schreibt Itamar Rabinovich.[357] Andererseits unterliegt dieser Schwerpunkt der Prämisse, dass Israel weiterhin die oberste Priorität seiner Sicherheit einräumen müsse.[358]

Die israelische Gesellschaft scheint diesem Trend zu folgen. Ein Indiz dafür könnte eine überdurchschnittlich hohe Fokussierung der Gesellschaft auf die persönliche und kollektive Sicherheit im Verlauf der zweiten Intifada sein. Der gesellschaftliche Schwerpunkt - die Sicherheit als identitätsstiftendes Merkmal - trägt dazu bei, den sozialen Zusammenhalt gegenüber sozialen Prozessen wie der Individualisierung, dem Egozentrismus oder dem Karrierismus zu behaupten.[359] Die Mehrheit der Israelis, so David Witzthum, sei über ein gesellschaftliches Auseinanderfallen beunruhigt.[360] Das gemeinsame Streben nach Sicherheit wird damit als psychologisch-gesellschaftlicher Rahmen zum Hauptbezugspunkt des nationalen Projekts. Ariel Sharon schlug mit dem Bau des Trennungszauns eine neue Richtung ein. Die Realisierung der physischen, gesellschaftlichen Abgrenzung erzeugte eine neue nationale Einheit.[361] David Grossmann argumentiert bezeichnenderweise, dass die israelische Begeisterung für den Bau des Trennungszauns eher einem psychologischen Bedürfnis, als einer wohlbedachten diplomatischen und militärischen Politik entspringt.[362] Unter Einbezug der Gedanken des Iron Wall Konzepts von Jabotinsky lässt sich auch ein anderer Eindruck gewinnen: „Israelis and Palestinians will eventually have to sit down together to solve their problems. Since such negotiations are unlikely for the time being, however, a properly constructed fence could serve as an interim

---

[356] Zitiert nach Avi Primor: Terror als Vorwand, S. 123.
[357] Itamar Rabinovich: Waging Peace, S. 310.
[358] Vgl. Shimon Peres: Man steigt nicht zweimal in denselben Fluss, S. 46; Benjamin Netanjahu wird mit den Worten zitiert: „The real difference was that the Labor leaders had brought peace without security, whereas he [Netanjahu] would bring peace with security." Vgl. Avi Shlaim: The Iron Wall, S. 568.
[359] Vgl. Yoav Gelber: Ist Frieden zwischen Israelis und Palästinensern möglich?, in: Aus Politik und Zeitgeschichte, (2004) 20, S. 14-20, S. 20.
[360] Vgl. David Witzthum: Die israelisch-palästinensische Konfrontation, S. 31 f. Witzthum bezieht sich dort auf eine Dahaf- Umfrage vom 13. April 2004. Laut der Ergebnisse begreifen 79 Prozent der Befragten das Land in einer gesellschaftlichen Auflösung.
[361] Vgl. Peter Lagerquist: Fencing the Last Sky, S. 10.
[362] Vgl. David Grossmann: Diesen Krieg kann keiner gewinnen, S. 173.

measure."[363] Dieser Ansicht nach fungiert der Trennungszaun als Vorstufe für Friedensverhandlungen im Nahen Osten und liegt konzeptionell in der Tradition Jabotinskys.[364]

---

[363] David Makovsky: How to Build a Fence, S. 64.
[364] Vgl. Avi Shlaim: The Iron Wall, S. 15.

5. Sicherheit als Kultur

„Auf lange Sicht hängt Israels Überleben vom sozialen Zusammenhalt und von seiner anhaltenden sozialen Mobilisierungsfähigkeit ab."[365] Seit Beginn der zweiten Intifada hat die israelische Gesellschaft in sicherheitspolitischen Fragen einen Wechsel von einem milden Optimismus hin zu einem praktischen Realismus vollzogen.[366] Sicherheit ist kein statisches Konzept. Vielmehr ist es ein gesellschaftliches Konstrukt und in seinen Ausprägungen von der jeweiligen Gesellschaftsstruktur abhängig, schreibt Eckart Conze.[367] Daraus lässt sich die Sicherheit als ein identitätsstiftendes Merkmal der Gesellschaft ableiten und wird zum einem festen Bestandteil der israelischen Kultur. Ephraim Yaar führt gerade die gesellschaftlichen Erfahrungen der jüngsten Vergangenheit als Grund dafür an, in Israel eine Kultur der Sicherheit zu deuten. Eine Kultur, in der Sicherheitsfragen über allen anderen stehen.[368] Auf der Basis regelmäßiger Umfragen in Israel, soll im Folgenden das gesellschaftliche Befinden der Bevölkerung bezüglich der persönlichen und kollektiven Sicherheit untersucht werden. Das Streben nach Sicherheit scheint gerade im Verlauf der zweiten Intifada das zentrale Thema der politischen und gesellschaftlichen Diskussion geworden zu sein. Der Bau des Trennungszauns kann als Ausdruck dieses Prozesses gewertet werden.

5.1 Zur Methodik der Bevölkerungsumfragen

Die zusammengefasste gesellschaftliche Analyse stützt sich auf telefonische und persönliche Umfragen, angeregt durch das *Tami Steinmetz Center for Peace*, das Jaffee *Center for Strategic Studies* und dem *Institute for National Security Studies*, aus dem Zeitraum 2001-2009. Zum Vergleich der ermittelten Daten werden darüber hinaus auch Werte aus dem Zeitraum seit 1993 herangezogen. Alle Institute sind an der Universität zu Tel Aviv ansässig. Die Soziologen Ephraim Yaar und Tamar Hermann begleiteten die monatlichen Befragungen des *Tami Steinmetz Center for Peace*. Im Durchschnitt wurden dafür etwa 600 Personen interviewt. Das *Jaffee Center for Strategic Studies* wird durch den Politikwissenschaftler Asher Arian repräsentiert. Die Ergebnisse des *Institute for National Security Studies* analysierten die Psychologen Yehuda Ben Meir und Dafna Shaked. Letztere Umfragen wurden jeweils jährlich erhoben und umfassen Datensätze von 700-1200 Personen. Zur

---

[365] Yoav Gelber: Ist Frieden zwischen Israelis und Palästinensern möglich?, S. 20.
[366] Vgl. Asher Arian: Israeli Public Opinion on National Security 2001, S. 23.
[367] Vgl. Eckart Conze: Sicherheit als Kultur, S. 363.
[368] Vgl. Ephraim Yaar: Value Priorities in Israeli Society, S. 124.

Methodik ist anzumerken, dass ausschließlich die Erwachsenen der israelischen Bevölkerung mündlich befragt wurden. Per Definition der Institute wird der arabische Bevölkerungsanteil in Israel, welcher etwa 20 Prozent der Population ausmacht, nicht zum Untersuchungsgegenstand gewertet. Als Hauptgrund wird angeführt, dass die Meinung der arabischen Bevölkerung in den Schlüsselfragen zur nationalen Sicherheit zu großen Abweichungen der Umfragewerte führen würde.[369] Auch aufgrund seiner langjährigen, politischen Erfahrung merkt Shimon Peres in Bezug auf Umfragen an, dass die öffentliche Meinung immer schwankend sei.[370] Wenn das Streben nach Sicherheit als identitätsstiftendes Merkmal verortet werden kann, so könnte die Analyse der Umfragen der israelischen Gesellschaft das Gegenteil von Peres Aussage bestätigen und zumindest für den Bereich der Sicherheit ein nahezu übereinstimmendes Bild widerspiegeln.

5.2 Gesellschaftliche Konstitution

Die subjektive Wahrnehmung von Sicherheit im Staate Israel ist in den Umfragen seit dem Osloer Friedensprozess zunehmend schlechter bewertet worden. Im Jahr 1999 gaben 58 Prozent der Befragten an, sich um die persönliche Sicherheit zu sorgen. Dieser Wert stieg mit Beginn der zweiten Intifada auf 79 Prozent. Ein Jahr nach Ausbruch des Aufstandes gar auf 85 Prozent.[371] Dieser Anstieg um sechs Prozentpunkte kann auf die veränderte, globale Sicherheitssituation nach den Anschlägen vom 11. September 2001 in New York und Washington D.C. zurückzuführen sein. Ilan Pappe sieht darüber hinaus in der zweiten Intifada den Grund für den Verlust des persönlichen Sicherheitsgefühls und eines relativ hohen Lebensstandards.[372] „Israelis were gloomier than ever about the prospects for peace and about the state of the nation's security", schreibt Asher Arian nach den ersten beiden Jahren seit Ausbruch des Aufstandes.[373] In der April-Befragung 2008 konnte ermittelt werden, dass 75 Prozent der israelischen Öffentlichkeit davon ausgehen, in den nächsten fünf Jahren in den Krieg gegen einen arabischen Nachbarstaat ziehen zu müssen.[374] Der Anstieg

---

[369] Vgl. Yehuda Ben Meir/Dafna Shaked: The People Speak: Israeli Public Opinion on National Security 2005-2007, in: Institute for National Security Studies, Memorandum 90, Tel Aviv 2007, in: http://www.humansecuritygateway.com/documents/INSS_IsraeliPublicOpinion National-Security.pdf (04.03.2011), S. 14. Für den arabischen Bevölkerungsteil werden daher gesonderte Umfragen durchgeführt.
[370] Vgl. Shimon Peres: Man steigt nicht zweimal in denselben Fluss, S. 62.
[371] Vgl. Asher Arian: Israeli Public Opinion on National Security 2001, S. 28.
[372] Vgl. Ilan Paape: A History of Modern Palestine, S. 265.
[373] Asher Arian: Israeli Public Opinion on National Security 2002, S. 11.
[374] Vgl. Ephraim Yaar/Tamar Hermann: Peace Index, April 2008, S. 1.

dieser Indikatoren lässt darauf schließen, dass besonders die palästinensischen Anschläge in Israel mitverantwortlich für diese veränderte Wahrnehmung sind.[375] Die Ergebnisse verdeutlichen, wie sehr die Sorge um die persönliche Sicherheit das gesellschaftliche Leben in Israel beeinflusst. David Witzthum spricht gar von einer „existentiellen Furcht" der Gesellschaft vor Terroranschlägen, welche sich in den Umfrageergebnissen der Jahre 2002 und 2003 widerspiegelt.[376]

Diese Entwicklung hat auch entscheidenden Einfluss auf das Wahlverhalten der israelischen Bevölkerung. „As terror and violence spiraled upward, a large majority of public opinion (71 percent) supported Sharon's national unity government and its policies to achieve peace and security", analysiert Arian Asher zur Wahl Sharons zum Ministerpräsidenten.[377] Auch die Wahlen zur Knesset im Januar 2003 wurden durch die Wahlkampfthemen der persönlichen und nationalen Sicherheit bestimmt. So setzten die meisten Parteien ihren Fokus im Ringen um Wählerstimmen auf sicherheitspolitische Themen.[378] Nach einem Terroranschlag mit 24 Toten zwei Wochen vor der Wahl in Tel Aviv, konnte Ariel Sharon den Antiterrorkampf zu seinem Wahlkampfthema machen.[379] Der Likud-Block unter der Führung Ariel Sharons ging als Sieger aus der Abstimmung hervor und erreichte ein erstaunliches Ergebnis: 40 von insgesamt 120 Sitzen in der Knesset.[380] Die Verdopplung der Sitze gegenüber der vorrangegangenen Wahl 1999 und der gleichzeitige Stimmenverlust seitens der Labor-Partei setzten eine deutliche Marke. Die Umfrageanalysten führen an, dass die Persönlichkeit des Parteiführers Sharon den Ausschlag zu diesem Erfolg gegeben habe.[381] Von Sharon erwartete die Bevölkerung weniger Frieden mit den Arabern, sondern kollektive Sicherheit für den Staat Israel.[382] Der Kampf gegen den Terrorismus zählte zum Hauptbestandteil der Politik Sharons.[383] „Die Unentschiedenen [Wähler], die traditionell in der Mitte standen, haben sich den Extremisten angeschlossen (…)," so die Analyse von Avi Primor.[384] Am Beispiel des Wahlverhaltens der Bevölkerung im Jahr 2003, lässt sich mit Avi Primor die bereits formulierte These eines

---

[375] Vgl. Asher Arian: Israeli Public Opinion on National Security 2002, S. 12.
[376] Vgl. David Witzthum: Die israelisch-palästinensische Konfrontation, S. 32.
[377] Asher Arian: Israeli Public Opinion on National Security 2002, S. 13.
[378] "The principal issue dominating the election campaign was, as expected, national security, with the economic situation a distant second." Don Peretz/Rebecca Kook/Gideon Doron: Knesset Election 2003: Why Likud Regained Its Political Domination and Labor Continued to Fade Out, in: Middle East Journal, Jg. 57 (2003) 4, S. 588-603, S. 598.
[379] Vgl. Elmar Krautkrämer: Krieg ohne Ende?, S. 153.
[380] Vgl. Itamar Rabinovich: Waging Peace, S. 212.
[381] Vgl. Ephraim Yaar/Tamar Hermann: Peace Index, January 2003, S. 1.
[382] Vgl. Don Peretz/Rebecca Kook/Gideon Doron: Knesset Election 2003, S. 602.
[383] Vgl. Avi Primor: Terror als Vorwand, S. 139.
[384] Avi Primor: Terror als Vorwand, S. 138.

epochalen Umbruchs der Gesellschaft unterstützen. Nach seiner Aussage hat die politische Einteilung in rechts und links in den Jahren seit Ausbruch der zweiten Intifada ihre Basis verloren. Die traditionelle Aufteilung in Gemäßigte, Hardliner und Abwartende sei aufgelöst. Letztere seien nun zum entscheidenden Faktor der israelischen Politik geworden und könnten nur von Sicherheitsargumenten überzeugt werden.[385] Die unentschiedenen Wähler, folgert Avi Primor, hätten erst Benjamin Netanjahu und dann fünf Jahre später Ariel Sharon an die Macht gebracht.[386]

Das Verlangen nach Sicherheit bildet, besonders in Zeiten von Wahlen, den gesellschaftlichen Handlungsrahmen in Israel. Dieser Umstand wird von den politischen Führungskräften des Landes aufgegriffen. Sicherheit wird zum psychologischen Bedürfnis und wirkt gleichzeitig als politische Maxime in sämtliche Teilbereiche der israelischen Politik hinein. Als Ergebnis dieses Wechselspiels betraut in den Zeiten des Terrors die israelische Bevölkerung einen Politiker mit dem Amt des Ministerpräsidenten, den Colin Shindler folgenderweise charakterisiert: „Sharon's ideological approach of never negotiating under ‚threats of terror' and his projection of himself as the guardian of Israel's security had been [...] guided his approach now as Prime Minister."[387] Die Mehrheit der israelischen Öffentlichkeit unterstützte 2003 diese „zähe Taktik im Umgang mit der zweiten Intifada".[388] Im gleichen Jahr gaben 60 Prozent der Befragten an, dass die arabischen Nachbarstaaten nach ihrer Ansicht noch immer danach trachten würden, den israelischen Staat vernichten zu wollen.[389] Dieser Umfragewert blieb mit 63 Prozent im Jahr 2008 durchgehend konstant.[390] Zur Zeit der Errichtung des Trennungszauns konnte das Bedürfnis der israelischen Gesellschaft nach Sicherheit als äußerst hoch eingestuft werden. „Finally, concern and anxiety at the individual level about personal security and fear of terrorism remained very high," so die psychologische Gesellschaftsanalyse in *The People Speak*.[391]

In der 2007 veröffentlichten Studie von Yehuda Ben Meir und Dafna Shaked werden die unterschiedlichen Positionen zwischen Ultra-orthodoxen und Religiösen gegenüber der Mehrheit der Bevölkerung als eine „ernsthafte Gefahr

---

[385] Vgl. Avi Primor: Terror als Vorwand, S. 138.
[386] Vgl. ebd., S. 138.
[387] Colin Shindler: A History of Modern Israel, S. 290.
[388] Vgl. Don Peretz/Rebecca Kook/Gideon Doron: Knesset Election 2003, S. 594.
[389] Vgl. Asher Arian: Israeli Public Opinion on National Security 2003, in: Jaffee Center for Strategic Studies, JCSS Memorandum Bd. 67, Tel Aviv 2003, in: http://www.inss.org.il /upload/% 28FILE%291190276735.pdf (04.03.2011), S. 23.
[390] Vgl. Ephraim Yaar/Tamar Hermann: Peace Index, November 2008, S. 1.
[391] Yehuda Ben Meir/Dafna Shaked: The People Speak, S. 48.

für die Bindekraft und Einheit der israelischen Gesellschaft" hervorgehoben.[392] Moshe Zimmermann beschreibt diese unterschiedlichen Positionen in Bezug auf die politische Lage nach dem Osloer Friedensprozess im Nahen Osten: „ Die gemäßigte Mehrheit hofft auf einen ruhigen *Status Quo*; die Fanatiker warten auf eine Explosion, die den Traum von ‚Ganz-Israel' verwirklichen wird."[393] Im Kern geht es um die Räumung von israelischen Siedlungen im Gazastreifen und im Westjordanland. Die gegensätzlichen, gesellschaftlichen Vorstellungen über den Umgang mit den seit 1967 errichteten Wohnungen in den besetzten Gebieten, könnten innerhalb der Gesellschaft einen Bürgerkrieg auslösen, so die Befürchtung der Hälfte der israelischen Bevölkerung im Jahr 2005.[394] Diese angedeutete Gefahr kann durch die gegenwärtige Zusammensetzung der israelischen Gesellschaft etwas entschärft werden. Denn eine Mehrzahl der israelischen Bevölkerung wird traditionell einer gemäßigten und stabilen Mitte zugeordnet. Laut den Ergebnissen des *Institute for National Security Studies*, werden 80 Prozent der Gesellschaft einer solchen Gruppierung zugeordnet.[395] Kennzeichen für diese große gesellschaftliche Gruppe ist die Annäherung hinsichtlich sicherheitspolitischer und nationaler Fragestellungen.[396] Die Lösung der Siedlerfrage wird gerade in diesem Teil der israelischen Bevölkerung als wichtiger Baustein eines zukünftigen Friedensprozesses diskutiert.[397] Besonders linksliberale Schriftsteller sehen in der Bevölkerungsgruppe der Siedler einen, wenn nicht sogar den größten Stolperstein auf dem Weg zum Frieden.[398] Der Trennungszaun könnte daher einen Weg aufweisen, aus dem Sumpf der Siedlungen, so die Formulierung bei David Makovsky, herauszukommen und die Mehrheit der israelischen Bevölkerung innerhalb einer staatlichen Grenze einzufassen.[399] Erstaunlicherweise stimmte im Juli 2007 nur eine Minderheit von

---

[392] Vgl. Yehuda Ben Meir/Dafna Shaked: The People Speak, S. 10. Bei Moshe Zimmermann ist nachzulesen, dass die Meinungen der jüdischen Orthodoxie, trotz einer deutlichen Minderheit ihrer Anhänger im Staat, über die politische Klasse und die Bevölkerung bestimmen würde. Vgl. Moshe Zimmermann: Die Angst vor dem Frieden, S. 70 f.

[393] Moshe Zimmermann: Die Angst vor dem Frieden, S. 117.

[394] Vgl. Yehuda Ben Meir/Dafna Shaked: The People Speak, S. 83. Dieser Wert fiel auf 29 Prozent im Jahr 2007. Die Autoren der Studie gehen davon aus, dass dies als das Resultat der „glatten und schnellen Durchführung des Gaza-Rückzugs" zu werten sei.

[395] Vgl. ebd., S. 9.

[396] "Perhaps most important from a political perspective is the narrowing of the gap between voters of Labor and the Likud." Asher Arian: Israeli Public Opinion on National-al Security 2003, S. 27.

[397] Vgl. Ephraim Yaar/Tamar Hermann: Peace Index, November 2007, S. 4; Yehuda Ben Meir/Dafna Shaked: The People Speak, S. 52 f.

[398] Vgl. Moshe Zimmermann: Die Angst vor dem Frieden, S. 85; Avi Shlaim: The Iron Wall, S. 600.

[399] Vgl. David Makovsky: How to Build a Fence, S. 54.

42 Prozent einem Rückzug aus dem Westjordanland zu.[400] In den Jahren 2004 und 2005 begeisterten sich hingegen noch 60 Prozent für territoriale Zugeständnisse gegenüber den Palästinensern im Westjordanland.[401] Die großen Siedlungsblöcke entlang der Grünen Linie gehörten nicht zum Gegenstand dieser Umfrage.

Gesellschaftliche und politische Überlegungen zur Rückgabe der noch besetzten Territorien folgen strikt dem Gedanken der nationalen Sicherheit. Die Formel *Land für Frieden* steht charakteristisch für einen Verzicht dieser Gebiete seitens Israels aus rein sicherheitstaktischen Beweggründen. Allein um des Friedens willen sollen die okkupierten Gebiete aufgegeben werden.[402] Als Grundlage dieses Lösungsansatzes gilt die Resolution 242 der Vereinten Nationen[403]. Im Jahr 1997 befürwortete über 50 Prozent der israelischen Gesellschaft diese Option. Fünf Jahre nach dem Bau des Trennungszauns unterstützten nur noch 28 Prozent diesen Konfliktlösungsansatz für das Westjordanland.[404] Als Grund für diesen absoluten Tiefstand führen Yehuda Ben Meir und Dafna Shaked den Anstieg der palästinensischen Gewalt im Gazastreifen und den Krieg im Libanon an.[405] Besonders die Räumung des Gazastreifens unter Ariel Sharon hatte nicht den von der Bevölkerung erhofften Anstieg des persönlichen und kollektiven Sicherheitsgefühls zur Folge. Asher Arian hat in der Umfrage im Jahr 2003 weitere Stimmungsbilder innerhalb der Bevölkerung zutage fördern können. Demnach habe die rückläufige Unterstützung des einseitigen Rückzugs auch taktische Hintergründe. „It is likely that the increased support for unilateral withdrawal was based on tactical considerations regarding the way to protect Jewish lives best and not a rush to establish a Palestinian state."[406] Ein Friedensprozess ohne Sicherheit, schreibt Avi Primor, bedeute für die Mehrheit der Israelis pure Heuchelei.[407]

---

[400] Vgl. Ephraim Yaar/Tamar Hermann: Peace Index, Juli 2007, S. 2.
[401] Vgl. Yehuda Ben Meir/Dafna Shaked: The People Speak, S. 54.
[402] Vgl. Moshe Zimmermann: Die Angst vor dem Frieden, S. 85.
[403] "[Resolution 242] points in different directions at once. On the one hand, its preamble speaks of ‚the inadmissibility of the acquisition of territory by war', implying that Israel should return all the territories obtained in the 1967 War. On the other hand, the English text of the resolution provides that peace ‚should' include withdrawal of Israeli forces ‚from territories occupied in the recent conflict', not from ‚the territories occupied' in that conflict." Geoffrey R. Watson: The Oslo Accords. International Law and the Israeli-Palestinian Peace Agreements, Oxford 2000, S. 31. Die Resolution 242 ist Grundlage sämtlicher Friedensbemühungen von den *Clinton Parameters* über die *Road Map* hin zu den *Geneva Accords*. Vgl. Itamar Rabinovich: Waging Peace, S. 274.
[404] Vgl. Yehuda Ben Meir/Dafna Shaked: The People Speak, S. 52.
[405] Vgl. ebd., S. 52.
[406] Asher Arian: Israeli Public Opinion on National Security 2003, S. 30.
[407] Vgl. Avi Primor: Keine Lösung durch Gewalt, S. 10.

Neben dem Bedürfnis nach Sicherheit wird der gesellschaftliche Zusammenhalt noch durch einen weiteren, von der israelischen Gesellschaft oftmals artikulierten, demographischen Faktor begleitet: „The demographic challenge is of growing urgency to most of the Jewish population and helps define the collective approach to national security issues."[408] Die israelische Gesellschaft sieht sich nicht nur der Gefahr eines inneren Zerfalls gegenübergestellt. Aufgrund wesentlich höherer Geburtenraten der Palästinenser und der arabischen Israelis, steht der demographische Wandel kennzeichnend für eine von außen wirkende Gefahr des *nationalen Projekts*.[409] Den bi-nationalen Staat als ein Szenario, in welchem die Palästinenser und die arabischen Israelis zu einer Mehrheit innerhalb der Bevölkerung Israels werden könnten, fürchteten Ende 2003 zwei Drittel der Bevölkerung.[410] Diese Furcht hat bereits eine lange Tradition innerhalb der israelischen Gesellschaft. Hannah Arendt schreibt in einem Aufsatz zur Völkerverständigung im Nahen Osten im Jahr 1945: „Aber die Juden laufen das große Risiko, in Palästina zu einer permanenten Minderheit zu werden."[411] Seit Ausbruch der zweiten Intifada sieht eine Mehrheit von 70 Prozent eine ständige Abnahme des gesellschaftlichen Zusammenhalts zwischen 2001 und 2004.[412] Für eine Mehrheit der israelischen Bevölkerung bedeutet diese Entwicklung eine Gefahr für die zusammenhängende, israelische Identität, im Sinne von Dan Rabinowitz.[413]

Israel bewegt sich in einem immer größer werdenden Dilemma. Seit Beginn der zionistischen Einwanderungsbewegungen aus Europa und der darauf folgenden Staatsgründung, ist das Land auf ständige Migrationsströme angewiesen. Als die Heimat für das in der Diaspora lebende jüdische Volk, gehört die Einwanderung auf Grundlage eines automatischen Anrechts auf die Staatsbürgerschaft zur Staatsraison. Im Innern des Landes führen die gesellschaftlichen Auseinandersetzungen zwischen den unterschiedlichen Immigrationsgruppen zu Kulturkämpfen. Moshe Zimmermann zufolge, habe vor allem das Protestverhalten der israelischen Bevölkerung mit orientalischer Herkunft zum Wahlerfolg des rechten Likud-Blocks im Jahre 1977 geführt.[414] Die Kulturkämpfe verlaufen zwischen europäischen und arabischen, säkularen und religiösen oder

---

[408] Yehuda Ben Meir/Dafna Shaked: The People Speak, S. 10.
[409] "But the fundamental imperative driving Sharon's separation plan was neither political nor military; it was the 'native problem'." Graham Usher: Unmaking Palestine, S. 34.
[410] Vgl. Ephraim Yaar/Tamar Hermann: Peace Index, Oktober 2003.
[411] Hannah Arendt; Heidi Bohnet/ Klaus Stadler (Hrsg.): Denken ohne Geländer. Texte und Briefe, Lizenzausgabe für die Bundeszentrale für politische Bildung, Bd. 601, Bonn 2006, S. 143.
[412] Vgl. David Witzthum: Die israelisch-palästinensische Konfrontation, S. 32.
[413] Vgl. Dan Rabinowitz: Borders and their Discontents, S. 217.
[414] Vgl. Moshe Zimmermann: Wende in Israel, S. 115.

liberalen und fundamentalistischen Israelis.[415] Schon Herzl versuchte durch den Zionismus zu einer einheitlichen Lebensform zu gelangen. Der Versuch, eine israelische Kultur zu entwerfen, die sich von der traditionellen jüdischen Kultur und der Diaspora unterscheide, sei jedoch gescheitert.[416] Die Suche nach Sicherheit überlagert diese zahlreichen Konfliktlinien. Für den gesellschaftlichen Zusammenhalt stellt dieser Überbau einen wesentlichen Bezugspunkt dar. Ein Blick auf die Umfragen des Jahres 2007 verdeutlicht diese Annahme. Die israelische Bevölkerung wurde darin mit der Frage konfrontiert, ob sie im Falle eines Widerspruchs eher zur Bewahrung der Rechtsgrundsätze stehe, oder zum Schutz des Bedürfnisses der Sicherheit tendiere. In der öffentlichen Wahrnehmung werden die sicherheitspolitischen Interessen mehrheitlich über den Prinzipien der nationalen Gesetzgebung eingeordnet. Sahen dies im Jahr 2005 noch 46 Prozent, so stieg der Wert, für die Ansicht einer herausgehobenen Stellung der Sicherheit, auf 50 Prozent im Jahr 2007. Nur 21 Prozent tendierten gegen Ende dieses Zeitraumes zu den Rechtsgrundsätzen des Staates.[417] Setzt man diese Ergebnisse in Bezug zu den Umfrageergebnissen zur gleichen Fragestellung aus dem Jahr 1987, ist eine deutliche Verschiebung des gesellschaftlichen Orientierungshorizonts in Richtung der sicherheitspolitischen Interessen festzustellen.[418]

Zumindest im Hinblick auf die arabische Bevölkerung soll einer gesellschaftlichen Bedrohung von außen durch die physische Trennung entgegengewirkt werden. Bereits zu Beginn der Amtszeit von Ariel Sharon als Ministerpräsident liegt die Befürwortung der gesellschaftlichen Separation bei 60 Prozent.[419] Dieser Wert bleibt mit 62 Prozent im Februar 2004 auf einem konstanten Niveau und veranschaulicht einen breiten gesellschaftlichen Konsens.[420] Als politischer Ausdruck der öffentlichen Wahrnehmung zu dieser Zeit kann der *Disengagement Plan* gesehen werden. Er wurde im Dezember 2003 durch Ariel Sharon vorgestellt. Der Plan diente als Grundlage für den seit Februar 2004 vollzogenen Rückzug der israelischen Siedlungen aus dem Gazastreifen.[421] Die Umfragen seit 2006 verzeichnen jedoch eine zunehmende gesellschaftliche Ablehnung dieser Politik. Nach anfänglicher Begeisterung von bis zu 56 Prozent im Jahr 2004, befürworteten 2007 nur noch 36 Prozent den kompletten Rückzug aus dem Gazastreifen und dem nördlichen Westjordanland.[422] Die gesellschaftliche Separation ist zwar weiterhin gewünscht, jedoch sollen keine weiteren Gebiete in

---

[415] Vgl. Moshe Zimmermann: Wende in Israel, S. 112.
[416] Vgl. ebd., S. 112.
[417] Vgl. Yehuda Ben Meir/Dafna Shaked: The People Speak, S. 86.
[418] Vgl. ebd., S. 86.
[419] Vgl. Ephraim Yaar/Tamar Hermann: Peace Index, Mai 2001, S. 2.
[420] Vgl. ebd., Februar 2004, S. 3.
[421] Vgl. Colin Shindler: A History of Modern Israel, S. 314 f.
[422] Vgl. Yehuda Ben Meir/Dafna Shaked: The People Speak, S. 62.

den seit 1967 eroberten Territorien aufgegeben werden. Die März-Umfrage 2008 gibt Aufschluss über ein neues Selbstverständnis der israelischen Gesellschaft. Demnach definieren nur noch 32 Prozent das Westjordanland als *besetztes Gebiet*. Eine Mehrheit von 55 Prozent der Bevölkerung spricht sich für die Bezeichnung des *befreiten Gebietes* aus.[423] Nach Dore Gold verneine der Begriff *besetztes Gebiet* jeden israelischen Anspruch auf das Westjordanland und sei daher abzulehnen. Er schlägt hingegen die politisch fragwürdige Bezeichnung *umstrittenes Gebiet* vor.[424] Durch diese terminologische Umdeutung würde demnach ein Anspruch der Israelis und der Palästinenser auf diese Territorien gleichermaßen beachtet.

5.3 Trennung der Gesellschaft

Zu Beginn des Jahres 2010 leben nur etwas mehr als 4 Prozent der Israelis innerhalb der von Israel besetzten Gebiete.[425] Dennoch hat der Trennungszaun zu einer neuen Wahrnehmung innerhalb der israelischen Gesellschaft beigetragen. Wie bereits analysiert, übernimmt der Trennungszaun soziologisch eine Abgrenzungsfunktion gegenüber der palästinensischen Gesellschaft. Diese Wirkung wird dahingehend erweitert, dass die Bewohner der Siedlungen jenseits des Trennungszauns gesellschaftlich weiterhin als dem israelischen Staat angehörig definiert werden.[426] Folgerichtig verbreitet sich innerhalb der Gesellschaft zunehmend die Position, dass die Grüne Linie nicht als zukünftige Grenze des Staates Israel in Erwägung gezogen werden sollte.[427] Unter der Bedingung, die in der Nähe der Grünen Linie errichteten Siedlungen des Westjordanlandes ebenfalls in das israelische Staatsterritorium zu integrieren, hätte Mitte des Jahres 2002 noch knapp die Hälfte der Bevölkerung einen Rückzug auf diese Grenze befürwortet.[428] Gegenwärtig ist nur noch eine Minderheit von 23 Prozent bereit, eine staatliche Grenzziehung entlang der Demarkationslinie von 1949 zu unterstützen.[429] Trotz dieses Stimmungswandels innerhalb der israelischen Gesellschaft, bleibt die Zustimmung zum Bau des Trennungszauns davon weitgehend unberührt. „To

---

[423] Vgl. Ephraim Yaar/Tamar Hermann: Peace Index, März 2008, S. 1 f.
[424] Vgl. Dore Gold: Von „Besetzten Gebieten" zu „Umstrittenen Gebieten", in: Jerusalem Zentrum. Strategische Informationen zur Außen- und Sicherheitspolitik Israels, in: http://www.jer-zentrum.org/ViewArticle.aspx?ArticleId=119 (04.03.2011), S. 1 f.
[425] Vgl. Moshe Zimmermann: Die Angst vor dem Frieden, S. 90.
[426] "The rights of Jews who live on the other side of the fence will also be negotiated. I take it they will continue to be Israeli citizens, and all of the settlements will continue to be Israeli locales." Uzi Landau: The Security Fence.
[427] Vgl. Danny Tirza: The Strategic Logic of Israel's Security Barrier.
[428] Vgl. Ephraim Yaar/Tamar Hermann: Peace Index, Juli 2002, S. 2.
[429] Vgl. ebd., März 2008, S. 2.

many people in Israel, the construction of the fences ties in with the concept of unilateral separation, and they see the fence as an element in the implementation of this concept."[430] Die Umfrage im Mai 2006 unterstreicht, abseits der Frage nach dem genauen Verlauf, die enorme Bedeutung der Gewalt über feste Grenzen für die israelische Bevölkerung. Demnach sprechen 70 Prozent der Gesellschaft dem Staat das moralische Recht zu, die Grenzen des Staates Israel einseitig festlegen zu können.[431]

Das israelische Kabinett beschloss am 1. Oktober 2003 ein Gesamtkonzept zur Trennung der palästinensischen Teile des Westjordanlandes von Israel.[432] Ursprünglich sollte der Trennungszaun entlang der Grünen Linie gebaut werden. So sah es die Konzeption von Moshe Shahal Mitte der 1990er Jahre vor.[433] Demnach hätte sich der Bau auf einer Länge von etwa 300 Kilometern entlang des Westjordanlandes erstreckt. Die gegenwärtige Länge der Anlage umfasst hingegen über 700 Kilometer und verläuft nur noch zu weniger als 20 Prozent entlang der Grünen Linie.[434] Vielmehr ähnelt der gegenwärtige Verlauf einem mäandrierenden Flusssystem. Nur durch diesen Verlauf des Trennungszauns ist der Einschluss zahlreicher israelischer Siedlungen des Westjordanlandes zu realisieren.[435]

Diese Umsetzung entspricht den politischen Zielsetzungen Ariel Sharons. Denn der Verlauf zeige, so die Kritiker dieser Politik, dass er die Besatzung verlängern soll und damit auch den Bestand der Siedlungen.[436] Nur für die Siedler, so Moshe Zimmermann, werde der Trennungszaun in östliche Richtung verschoben.[437] Sharon bewegt sich traditionell im Fahrwasser der Siedlungsbewegungen. Die

---

[430]   Shlomo Brom: The Security Fence, S. 4.
[431]   Vgl. Ephraim Yaar/Tamar Hermann: Peace Index, Mai 2006, S. 3.
[432]   Vgl. Christian Hauswaldt: Der Status von Palästina, S. 81 f.
[433]   Vgl. Yuval Elizur: Israel Banks on a Fence, S. 115; Colin Shindler: A History of Modern Israel, S. 326 f.
[434]   Vgl. Danny Tirza: The Strategic Logic of Israel's Security Barrier. Uzi Landau kommentiert die Abweichung von der Grünen Linie: „Wir werden manchmal gefragt: ‚Könnt ihr den Zaun nicht auf der *grünen Linie* bauen? Warum müsst ihr auf palästinensisches Gebiet gehen?' Meine Antwort ist, dass wir ihn auf unserem eigenen Gebiet bauen. Judäa und Samaria gehören uns. Das ist unsere Heimat." Uzi Landau: The Security Fence.
[435]   Vgl. Christian Hauswaldt: Der Status von Palästina, S. 82; Colin Shindler: A History of Modern Israel, S. 326 f.; Itamar Rabinovich: Waging Peace, S. 311.
[436]   Vgl. Idith Zertal/Akiva Eldar: Lords of the Land. The War for Israel's Settlements in the Occupied Territories. 1967-2007, New York 2007, S. 426; Asher Arian: Israeli Public Opinion on National Security 2003, S. 30.
[437]   Vgl. Moshe Zimmermann: Die Angst vor dem Frieden, S. 94.

Ziele der Siedler und Sharons stimmen noch immer überein, urteilt Idith Zertal.[438] Nach dem Gutachten des Internationalen Gerichtshofs vom 9. Juli 2004, verstößt der Verlauf östlich der Grünen Linie gegen das Völkerrecht.[439] Der Staat Israel wurde auf der Grundlage dieses Gutachtens von der Generalversammlung der Vereinten Nationen aufgefordert, die Baumaßnahmen einzustellen und die bereits errichteten Strukturen abzubauen.[440] Diese Sichtweise findet innerhalb der israelischen Gesellschaft wenig Zustimmung. „About two-thirds of the Jewish public believe the route of the fence should be determined according to security considerations of the government, and only a 20 percent minority favor the idea that it should run along the Green Line", schreiben Ephraim Yaar und Tamar Hermann im Februar 2004.[441] Im Zeitraum von zwei Jahren sank die Zahl der Befürworter eines Verlaufs entlang der Grünen Linie um weitere fünf Prozentpunkte.[442] Gleichzeitig stieg die Zustimmungsrate derer an, die eine einseitige Festlegung der Grenzen, abseits von Friedensverhandlungen, unterstützen.[443]

Die öffentliche Meinung tendiert dazu, den gewünschten Verlauf des Trennungszauns ausschließlich anhand sicherheitspolitischer Erwägungen zu bestimmen. Diese Ansicht teilt eine große Mehrheit von fast 70 Prozent.[444] Zu Beginn der Bauphase sehen zwei Drittel der Befragten Bürgerinnen und Bürger im Trennungszaun einen wichtigen und sinnvollen Beitrag zur Terrorabwehr.[445] Zwei Jahre später wird diese Auffassung durch eine weitere Umfrage bestätigt. Im April 2006 bescheinigen 54 Prozent der Bevölkerung dem Trennungszaun eine den Terror reduzierende Wirkung. Dass die Anschläge auf Israel aus dem Westjordanland durch den Bau gänzlich verhindert werden können, geben 28 Prozent der Befragten an.

Für die Gesellschaft hat der Trennungszaun eine nicht zu unterschätzende sicherheitspolitische Funktion. Kaum eine politische Entscheidung findet innerhalb der israelischen Gesellschaft ein solch enormes Einverständnis. Innerhalb des linken Lagers trifft der Trennungszaun auf eine Zustimmung von

---

[438] Vgl. Idith Zertal: Sünde und Strafe, S. 26.
[439] Vgl. International Court of Justice: Legal Consequences of the Construction of a Wall in the Occupied Palestinian Territory. Advisory Opinion, I. C. J. Reports 2004, in: http://www.icj-cij.org/docket/files/131/1671.pdf (04.03.2011), S. 136-203, S. 201.
[440] Vgl. Resolution der Generalversammlung, ES-10/15, 2. August 2004, in: http://www.un.org /depts/ german/gv-notsondert/ar-es10-15.pdf (04.03.2011), S. 3.
[441] Ephraim Yaar/Tamar Hermann: Peace Index, Februar 2004, S. 3; Vgl. Ilan Paape: A History of Modern Israel, S. 226.
[442] Vgl. Ephraim Yaar/Tamar Hermann: Peace Index, April 2006, S. 4.
[443] Vgl. ebd., März 2006, S. 1 f.
[444] Vgl. ebd., April 2006, S. 4.
[445] Vgl. ebd., Juli 2003, S. 4.

über 90 Prozent. Die rechten Parteien verzeichnen Werte zwischen 60 und 70 Prozent.[446] Dass die Sicherheit der großen Siedlungsblöcke entlang der Grünen Linie durch Einschließung in das israelische Territorium gewährleistet sein müsse, gehört zu einem wichtigen Bestandteil des gesellschaftlichen Zuspruchs.[447] Jeffrey Helmreich zufolge lebt mit nahezu 80 Prozent eine überwiegende Mehrheit der Siedler in geographischer Nähe zur Grünen Linie.[448] Diese Aussage benennt gleich zwei weitere Faktoren für den Bau des Trennungszauns. Zum einen bedeutet der nach Osten versetzte Bau eine Vergrößerung des israelischen Territoriums. Diese Ansicht wird jedoch von nur 19 Prozent der israelischen Gesellschaft als positiv erwähnt.[449] Abseits der sicherheitsmilitärischen Überlegungen bezüglich der *defensible borders*, scheint sich die Bevölkerung mit dem geographischen Zuschnitts des Staates Israel abgefunden zu haben. Zum anderen, und wesentlich bedeutender für die öffentliche Meinung, kristallisiert sich in Bezug auf die Siedlerfrage der demographische Faktor heraus. Die Bevölkerungszahl in den Siedlungen hat sich zwischen den Jahren von 1996 bis 2005 nahezu verdoppelt, bis auf die heutige Gesamtzahl von mehr als 300.000 Menschen.[450] Die Mehrheit von 63 Prozent kann dem Bau des Trennungszauns, vornehmlich aus diesem Grund, einen positiven Effekt für die israelische Gesellschaft abgewinnen.[451] Der Einschluss der großen Siedlungsblöcke bedeutet einen Zuwachs der Bevölkerung für das Kernland Israel. Gleichzeitig soll nur eine kleine Anzahl israelischer Araber und Palästinenser innerhalb des israelischen Territoriums verbleiben. Der damalige Finanzminister Netanjahu bezeichnete die in Israel lebenden Araber kennzeichnend als eine demographische Gefahr.[452]

Netanjahu folgte zu dieser Zeit einem auffälligen gesellschaftlichen Trend: die alte Idee des *Transfers*[453] der arabischen Bevölkerung fand erneut Anklang in

---

[446] Vgl. Ephraim Yaar/Tamar Hermann: Peace Index, Februar 2004, S. 2.
[447] Vgl. Colin Shindler: A History of Modern Israel, S. 330.
[448] Vgl. Jeffrey Helmreich: Diplomatische und rechtliche Aspekte der Siedlungsfrage, in: Jerusalem Zentrum. Strategische Informationen zur Außen- und Sicherheitspolitik Israels, in: http://www.jer-zentrum.org/ViewArticle.aspx?ArticleId=163 (04.03.2011).
[449] Vgl. Ephraim Yaar/Tamar Hermann: Peace Index, April 2006, S. 4.
[450] Vgl. Idith Zertal: Sünde und Strafe, S. 26; Moshe Zimmermann: Die Angst vor dem Frieden, S. 85.
[451] Vgl. Ephraim Yaar/Tamar Hermann: Peace Index, April 2006, S. 4.
[452] Vgl. ebd., Dezember 2003, S. 2.
[453] Der unter dem Vorsitz William Peels erstellte britische Teilungsplan von 1937 sah bereits die Teilung Palästinas und eine Umsiedlung der jeweiligen Bevölkerungsminoritäten vor. Vgl. Elmar Krautkrämer: Krieg ohne Ende?, S. 34. Auch von Theodor Herzl sollte bereits um die Jahrhundertwende die Idee des Transfers vorgeschlagen werden: „Die arme Bevölkerung trachten wir unbemerkt über die Grenze zu schaffen, indem wir ihnen in den Durchzugsländern Arbeit verschaffen […]." Zitiert nach Ludwig Watzal: Feinde des Friedens, S. 14. Besonders die rechten Regierungskoalitio-

der israelischen Gesellschaft. Die Unterstützung des Transfers von israelischen Arabern aus dem Staat Israel, stieg in der Bevölkerung von 24 Prozent im Jahr 1991 auf 33 Prozent im Jahr 2003.[454] Auf diesem Level bewegten sich die Umfragewerte auch noch 2007.[455] Nur eine Minderheit der israelischen Gesellschaft scheint darin tatsächlich einen Handlungsbedarf für die Zukunft zu sehen. Die Lösung einer postulierten demographischen Gefahr, in welcher sich die israelische Bevölkerung ab dem Jahr 2020 als Minderheit im eigenen Staate behaupten müsse, scheint vordergründig durch den Bau des Trennungszauns gebannt zu werden.[456] Für Moshe Zuckermann grenzt diese Auffassung hingegen an eine Illusion. Die israelische Bevölkerung sei der Wunschvorstellung erlegen, durch den Bau des Trennungszauns „die Palästinenser losgeworden zu sein, ohne jedoch die Besetzung ihrer Gebiete aufgehoben zu haben".[457]

Dennoch scheint sich durch den Bau des Trennungszauns eine alte Sichtweise zur Lösung des Konflikts erneut zu etablieren: Die Zwei-Staaten-Lösung. Die Unterstützung eines palästinensischen Staates konnten sich zu Beginn der ersten Intifada nur knapp 20 Prozent der Bürgerinnen und Bürger Israels vorstellen.[458] Im Rahmen der Friedensgespräche während der Amtszeit von Yitzhak Rabin, trennte die Idee zur Gründung eines arabischen Nachbarstaates die öffentliche Meinung zur Hälfte. Die Konfliktlösungsstrategie unter Rabin war gekoppelt an die nationale Sicherheit des Staates Israel. 50 Prozent der Bürgerinnen und Bürger wären unter Rabin bereit gewesen, die besetzten Gebiete gegen Sicherheit und Frieden einzutauschen. Der Ausbruch der zweiten Intifada im Zuge der gescheiterten Verhandlungen von Oslo, führte zu einem Vertrauensverlust innerhalb der israelischen Gesellschaft. Die Unterstützung eines palästinensischen Staates stagnierte fortan und erreichte im Jahr 2002 mit 49 Prozent nur knapp einen ähnlichen gesellschaftlichen Zuspruch, wie zur Zeit Rabins.[459] Nach der Errichtung des Trennungszauns im Westjordanland ist ein deutlicher Stimmungswechsel innerhalb der israelischen Gesellschaft erkennbar. Im Oktober 2003 stieg die Zustimmung der Israelis für eine Zwei-Staaten-Lösung auf 78 Prozent.[460] In den

---

nen unter Führung des Likud befürworteten diese Idee, „as a simple, decisive way out". Benny Morris: Righteous Victims, S. 567, 599.

[454] Vgl: Asher Arian: Israeli Public Opinion on National Security 2003, S. 31.
[455] Vgl. Yehuda Ben Meir/Dafna Shaked: The People Speak, S. 81.
[456] Vgl. Heiko Flottau: Die Eiserne Mauer, S. 17; Moty Christal: Das Unvorhersehbare vorhersagen: Der künftige Weg des israelisch-palästinensischen Systems, in: Aus Politik und Zeitgeschichte, (2004) 20, S. 21-28, S. 24 ff.
[457] Moshe Zuckermann: Eine Mauer wird errichtet, S. 29.
[458] Vgl. Asher Arian: Israeli Public Opinion on National Security 2002, S. 15.
[459] Vgl. ebd., S. 14.
[460] Vgl. Ephraim Yaar/Tamar Hermann: Peace Index, Oktober 2003, S. 2.

Jahren 2007 und 2008 pendelte sich dieser Wert auf 70 Prozent ein.[461] Einer der Hauptgründe dafür sei einerseits die wachsende Furcht vor einem bi-nationalen Staat.[462] Andererseits könnte das neue Gefühl von Sicherheit entlang der östlichen Grenze, vermittelt durch den Trennungszaun, diesen Stimmungswandel positiv unterstützt haben. Die gesellschaftliche Separation steht für viele Israelis als Ausgangspunkt neuer Friedensverhandlungen. So sieht Yuval Elizur in dieser Trennung eine Phase der Abkühlung, welche nach Ausbruch der zweiten Intifada notwendig gewesen sei, um anschließend neue Gespräche aufnehmen zu können:

> *Psychologically, separation will provide both sides with breathing space for several years during which, free from the pressure of ongoing violence, fundamental problems such as the equitable division of land and water and the nature of future economic and social relations can be dealt with.*[463]

Der Trennungszaun als ein „Sporn des Friedens", so lautet die positiv konnotierte Formulierung von David Makovsky.[464] Nur eine Zeit der Trennung könne, Makovsky zufolge, Israelis und Palästinenser in Zukunft wieder zusammenführen. Diese Position vertritt auch Benjamin Netanjahu:

> *Until further notice we are in a Middle East of iron walls. What iron walls do is give us time. The hope is that in the course of time, positive internal changes will occur in the Arab world that will enable us to lower the defensive walls and perhaps even drop them one of these days.*[465]

Eine gegensätzliche Meinung nimmt David Grossmann ein. Nach seiner Ansicht trage gerade die Errichtung des Trennungszauns dazu bei, den Konflikt zu verewigen und die Aussicht auf eine Lösung aus dem Blickfeld zu verlieren.[466] Die gleichzeitig hohe Zustimmungsrate für den Bau des Trennungszauns und für die Gründung eines Palästinenserstaates, lässt darauf hoffen, dass sich der

---

[461] Vgl. ebd., June 2007, S. 2; Ebd., März 2008, S. 1; Yehuda Ben Meir/Dafna Shaked: The People Speak, S. 65.
[462] Vgl. David Witzthum: Die israelisch-palästinensische Konfrontation, S. 34.
[463] Yuval Elizur: Israel Banks on a Fence, S. 117.
[464] Vgl. David Makovsky: How to Build a Fence, S. 56.
[465] Zitiert nach Avi Shlaim: The Iron Wall, S. 574.
[466] Vgl. David Grossmann: Diesen Krieg kann keiner gewinnen, S. 176. Alexandra Senfft spricht gar von einer „psychologischen Mauer" zwischen Israelis und Palästinensern, die jegliche Friedensinitiativen scheitern lasse, wenn eine solche nicht zum Abbau dieser Mauer beitrage. Vgl. Alexandra Senfft: Wettbewerb der Katastrophen. Die psychologische Mauer zwischen Israelis und Palästinensern, in: Blätter für deutsche und internationale Politik, (2011) 2, S. 105-112.

Bau im Nachhinein als eine friedensstiftende Maßnahme erweisen wird. Die Gedanken in Wladimir Jabotinskys *The Iron Wall* haben bis heute nichts an Aktualität verloren:

> *But the only way to obtain such an agreement is the iron wall, which is to say a strong power in Palestine that is not amenable to any Arab pressure. In other words, the only way to reach an agreement in the future is to abandon all idea of seeking an agreement at present.*[467]

Der Trennungszaun, als Bestandteil dieser Traditionslinie, würde in seiner gegenwärtigen Konzeption den Ausgangspunkt für erneute Verhandlungen über Sicherheit und Frieden im Nahen Osten markieren.

---

[467] Wladimir Jabotinsky: The Iron Wall.

6. Schlussbetrachtung

In den vorhergehenden Kapiteln werden zwei Anliegen verfolgt. Zum einen ist es der Versuch, den Trennungszaun als ein metaphorisches Spiegelbild der israelischen Gesellschaft zu charakterisieren. Die Grundlage dieser Betrachtung bilden die theoretischen Ansätze von Theodor Herzl und Wladimir Jabotinsky. Der Bau des Trennungszauns ist die politische Umsetzung dieser Abgrenzungstheorien. Legitimiert wird der Trennungszaun durch den gesellschaftlichen Zuspruch zur Separation, sowie durch das erhöhte Sicherheitsbedürfnis der Bevölkerung. Erst aufgrund der Darstellung der kommunikativen Begleitung dieses Projektes durch die politische Führung Israels und den Reaktionen innerhalb der Gesellschaft, gewinnt das Spiegelbild an Gestalt. So ist das zweite Anliegen dieser Arbeit eine Überprüfung die untersucht, ob anhand des Trennungszauns eine Wechselwirkung zwischen der politischen Führung und der israelischen Gesellschaft dargestellt werden kann. Entscheidend für die Wirkung auf beide ist die Funktion des Trennungszauns nach innen, aber auch in seiner gestaltenden Rolle nach außen. Dazu werden sowohl wissenschaftliche Aspekte der Grenzsoziologie als auch empirisch gesicherte Befunde der öffentlichen Wahrnehmung in Israel angeführt.

In der Eingangsthese hat Avi Primor darauf hingewiesen, dass nur eine internationale Intervention ein Lösungsweg für den Konflikt zwischen der israelischen und der palästinensischen Gemeinschaft sein kann. Zentral ist die Forderung nach Sicherheit für Israel und seine Bürgerinnen und Bürger. Ein möglicher Einsatz militärischer Truppen entlang einer Grenze zum Westjordanland schlägt den Bogen zu den Ausführungen Wladimir Jabotinskys. Dieser hat bereits 1923 den Einsatz von Soldaten zur Sicherung von Grenzen als Lösung des Konflikts gefordert. Allerdings existierte der Staat Israel zu dieser Zeit noch nicht. Gleich geblieben sind jedoch die Feindbilder im Nahen Osten. Noch immer wird ein Konflikt um Land auf dem Boden des ehemaligen Palästinas ausgetragen. Zahlreiche Kriege, die territoriale Besatzung und gescheiterte Friedensverhandlungen nach sich gezogen haben, hinterlassen tiefe Narben auf israelischer und palästinensischer Seite. Eine solch dauerhafte historische Auseinandersetzung spiegelt sich im gesellschaftlichen Bewusstsein wider. Das Sicherheitsbedürfnis, sowohl militärisch, soziologisch als auch kulturell, ist in Israel bis heute die zentrale Frage. Die politische Führung, als auch die israelische Gesellschaft beziehen sich in ihren Äußerungen zur Zukunft des Staates immer wieder auf den Aspekt der Sicherheit. Sie ist zum Hauptbestandteil der politischen Kultur Israels geworden.

In der Analyse zum Begriff der Sicherheit liegt der Fokus auf den gesellschaftlichen Zusammenhängen: Zeithistorische Grenzen verschwinden, die Wechselbeziehungen zwischen Politik und Gesellschaft sind maßgeblich für die physische Trennung im Westjordanland. Erst der große öffentliche Zuspruch unter der politischen Führung von Ariel Sharon hat die Realisierung des Trennungszauns ermöglicht. Das wird durch die empirischen Gesellschaftsstudien belegt. Die israelische Bevölkerung hat sich mehrheitlich für den Bau des Trennungszauns ausgesprochen, und in dieser Frage die politische Einteilung nach Tauben und Falken, Befürwortern und Gegnern, aufgehoben. Bis heute besteht ein breiter Konsens über die Notwendigkeit einer Abgrenzung des Staates Israel entlang des Westjordanlandes. Diese Dynamik, dokumentiert durch das Wahlverhalten der Bevölkerung im Verlauf der zweiten Intifada, zeigt den epochalen Umbruch innerhalb der israelischen Gesellschaft. Besonders die Wahlen seit 2003 werden durch die Themen der persönlichen und nationalen Sicherheit bestimmt. Bis zu diesem Zeitpunkt hatte in Israel die klassische Einteilung in ein rechtes und linkes Wählerspektrum Bestand. Die sicherheitspolitischen Fragestellungen haben diese Polarisierung aufgehoben. Dieser Prozess hat seinen Ursprung nicht allein in den Terrorattentaten der Palästinenser seit dem Jahr 2000. Die historischen Wurzeln bestehen, und das zeigen die Ausführungen von Theodor Herzl und Wladimir Jabotinsky, bereits seit dem Beginn des 20. Jahrhunderts. Die längerfristigen Entwicklungslinien, traditionell gekennzeichnet durch die zionistische Bewegung, bereiten das Fundament dieses soziokulturellen Orientierungshorizonts. So fallen die Ideen zu einer physischen Abgrenzung in Form eines Walles, einer militärischen Eisenmauer oder eben eines Trennungszauns, innerhalb der israelischen Gesellschaft auf fruchtbaren Boden. Ariel Sharon hat diese Tendenzen in der Gesellschaft erkannt und in einen beachtlichen politischen Erfolg ummünzen können. Seine persönliche Entwicklung, vom suspendierten Verteidigungsminister zum Ministerpräsidenten des Staates Israel, geht einher mit einer veränderten Ausrichtung des gesellschaftlichen Blickfeldes.

Die Angst als kollektive Wahrnehmung spielt in diesem Kontext eine wichtige Rolle. Sie ist im Rahmen der soziologischen Wirkung des Trennungszauns nach innen das charakteristische Leitmerkmal. Daraus lässt sich ableiten, dass die gesellschaftliche Selbstorganisation ohne persönliche Freiheit kaum möglich ist. In der Konsequenz zielen alle politischen und gesellschaftlichen Direktiven in Israel darauf ab, der persönlichen und kollektiven Sicherheit eine übergeordnete Funktion zuzuordnen. Dies kann anhand der monatlichen Umfragen des *Tami Steinmetz Center for Peace* bestätigt werden. Der öffentliche Diskurs ist bestimmt durch die Suche nach Sicherheit. Für die israelische Gesellschaft sind die Fragen nach anerkannten Grenzen, nach der Sicherheit im Staat, der Abgrenzung gegenüber der palästinensischen Bevölkerung und der eigenen

Identität grundlegend. Der Trennungszaun ist der physische Ausdruck dieser Wahrnehmungen. Er scheint die gesellschaftlichen Fragen und Fluchtpunkte in sich zu vereinen. Als metaphorisches Spiegelbild der Gesellschaft entspringt er dem Bedürfnis nach Abgrenzung und Sicherheit. Dies sind die bestimmenden gesellschaftlichen Narrative und werden im Trennungszaun für alle sichtbar.

Das Bedürfnis, ein Staatswesen innerhalb anerkannter Grenzen zu organisieren, gehört zum Wesen jeder Gesellschaft. Seit der Gründung des Staates Israel gehört das Bestreben, international anerkannte Grenzlinien zu ziehen, zur politischen Maxime. Anhand der grenzsoziologischen Analyse wird thematisiert, dass der Trennungszaun noch keine politische Grenze markieren kann. Doch allein die Aussicht darauf, einer zukünftigen Grenzziehung einen Schritt näher gekommen zu sein, vermag das gesellschaftliche Empfinden positiv zu beeinflussen. Die tatsächliche Gestaltung einer solchen Grenzziehung ist ein Ausdruck der politischen und historischen Begebenheiten einer jeden Gesellschaft. Die jeweilige räumliche Abgrenzung ist zugleich ein Ausdruck des Verhältnisses zwischen den Nachbargesellschaften im Nahen Osten. Geprägt durch die traumatischen Erfahrungen der Shoa, zahlreichen Kriegen gegen die arabischen Nachbarstaaten und den jüngsten terroristischen Attentaten seitens der Palästinenser, ist der Trennungszaun eine logische Konsequenz dieses historischen Prozesses. Zudem begründet er die Aufhebung sämtlicher bisher getroffenen Abkommen zwischen Israelis und Palästinensern.

Der Trennungszaun zieht eine physische Grenze, die nach innen eine soziale Ordnung suggeriert. Hier entfaltet der Trennungszaun seine vorrangige gesellschaftliche Funktion. Das Bedürfnis der Sicherheit wird in Israel mit der Suche nach Identität und Zusammenhalt verknüpft. Dies kann als das *nationale gesellschaftliche Projekt* zusammengefasst werden. Zwar definiert sich die israelische Gesellschaft zusätzlich in der Abgrenzung gegenüber der arabischen Bevölkerung – wichtiger ist jedoch die Bedeutung der Trennung als identitätsstiftendes Merkmal. Die Vereinigung von Einzelinteressen der Bevölkerung wird zum richtungsweisenden Gemeinwillen. Dies ist das Grundprinzip der gesellschaftlichen Identität. Sie wirkt als elementare Bindekraft der israelischen Gesellschaft. Die Umfragewerte dazu weisen eine konstant hohe Zustimmung für die Separation und den Bau des Trennungszauns auf. Sie bestätigen den substantiellen Stellenwert für die israelische Gesellschaft.

Unter dem Begriff der *demographischen Gefahr* ist der Bezug auf die innere Verfasstheit der Gesellschaft hergestellt. Verdeutlicht wird dies durch die Wahrnehmung der Öffentlichkeit zum Verlauf des Trennungszauns. Demnach sollen auch die großen Siedlungsblöcke jenseits der Grünen Linie in das israelische Territorium eingegliedert werden. Auf den ersten Blick erscheint es paradox, dass die Separation mehrheitlich unterstützt wird, aber eine weitere Aufgabe von besetzten Gebieten im Westjordanland gesellschaftlich nicht gewünscht ist. Dieser scheinbare Widerspruch erklärt sich allein durch die demographische Konstellation in Israel. Ein Verzicht auf Land bedeutet in der Lesart der öffentlichen Wahrnehmung auch den Verlust eines Teils der israelischen Bevölkerung. Daraus folgt, dass die Zustimmung zur Gründung eines palästinensischen Staates auch davon abhängig ist, ob die Eingliederung der Mehrheit der Siedler in den Staat Israel gelingen kann. Somit entspricht der streckenweise östlich der Grünen Linie verlaufende Trennungszaun den Überlegungen zur Separation.

Das entscheidende Merkmal für die zukünftige Entwicklung Israels liegt jedoch in der sicherheitspolitischen Funktion des Trennungszauns. Als Hauptargument für den Bau wird von politischer Seite die Reduzierung von terroristischen Anschlägen in Israel angeführt. Die gescheiterten Verhandlungen von Oslo und der Ausbruch der zweiten Intifada haben zu einem signifikanten Anstieg von persönlicher und kollektiver Angst geführt. Seit dem Bau des Trennungszauns zeigen die Auswertungen der Umfragen zum Sicherheitsbefinden der Bevölkerung eine zunehmend positive Entwicklung auf. Die Mehrheit der israelischen Bevölkerung teilt demzufolge die Meinung der politischen Führung. Der Trennungszaun ist zwar keine Garantie für eine vollständige Sicherheit vor Attentaten, doch die Maßnahme hat dazu beigetragen, die terroristischen Anschläge in Israel bis auf ein statistisches Minimum zu reduzieren.

Innerhalb der Gesellschaft hat diese Wahrnehmung einen bedeutenden Stimmungswandel gefördert. Die Wechselwirkung zwischen der öffentlichen Meinung und der politischen Führung seit dem Bau des Trennungszauns führt zu einer Neubewertung der Verhandlungsposition im israelisch-arabischen Konflikt. Die Mehrheit der israelischen Bevölkerung befürwortet gegenwärtig eine Zwei-Staaten-Lösung. Gesellschaftlich und politisch erhält sie den größten Zuspruch, gründend auf dem Anstieg des Sicherheitsgefühls. Die Trennung der Gesellschaften war die Voraussetzung dieses Prozesses. Theodor Herzls und Wladimir Jabotinskys Gedanken zur Abgrenzung werfen hier ihren historischen Schatten auf den Staat Israel. In der heutigen Akzentuierung der Abgrenzung besteht jedoch ein wesentlicher Unterschied. Durch die große Zustimmung zur Zwei-Staaten-Lösung hat sich die politische Ausrichtung entscheidend geändert. Die revisionistische Idee eines Groß-Israel ist aufgrund des Trennungszauns nicht mehr realisierbar. Die Abgrenzung entlang des Westjordanlandes schafft Fakten, die maßgeblich auf die israelische Gesellschaft einwirken. Das gesteigerte Gefühl der Sicherheit innerhalb der Bevölkerung überwiegt gegenüber der mehrheitlich nicht gewünschten Aufgabe des historischen Judäa und Samaria. Ein Rückzug

Israels aus den besetzten Gebieten kann demnach nur aufgrund des Arguments der Sicherheit erfolgen.

In der Wahrnehmung der israelischen Bevölkerung nimmt der Trennungszaun primär eine Schutzfunktion ein. Er ist eine bedeutende Antwort zur Lösung der Sicherheitsfrage in Israel. Die Separierung von Israelis und Palästinensern folgt in ihrer Konsequenz ausschließlich dieser Prämisse. Die Sicherheit als Kultur in Israel resultiert aus einem pragmatischen Realismus. Bei Herzl dominierte die Sichtweise, einen kulturellen Abgrenzungswall errichten zu müssen. Primär folgt dieser der Leitidee des gesellschaftlichen Zusammenhalts. Eine Zunahme der kriegerischen Auseinandersetzung in Palästina führte zur begrifflichen Steigerungsform der *Eisenmauer* durch Jabotinsky. Militärische Überlegenheit steht hier im Fokus als zentraler Ausgangspunkt für zukünftige Verhandlungen mit den Palästinensern. Die heutige Abgrenzung entlang des Westjordanlandes ist eine Mischform beider Ansätze. Seit Yitzhak Rabin gelangten diese wieder in den politischen Diskurs und wurden argumentativ durch die Kategorie der persönlichen und kollektiven Sicherheit erweitert. In der gesellschaftlichen Wahrnehmung überlagern letztere die historischen Ausrichtungen zur Abgrenzung deutlich. Als metaphorischer Spiegel der Gesellschaft könnte der Trennungszaun aus diesem Grund zutreffender als „Sicherheitszaun" charakterisiert werden.

Der „Sicherheitszaun" kann dazu beitragen, einen Weg aus der Sackgasse des territorialen Konflikts um das historische Palästina zwischen Israelis und Palästinensern zu weisen. Nach einer Phase der Abkühlung und Beruhigung der Gesellschaft scheint gegenwärtig das Zeitfenster für eine endgültige Regelung der Grenzfragen offen zu stehen. Der letzte Besuch Benjamin Netanjahus in den USA im Mai 2011 untermauerte eindrucksvoll die Sprengkraft dieser Grenzfragen im amerikanisch-israelischen Bündnis. Eine endgültige Lösung des Konflikts würde jedoch eine entscheidende Frage für die israelische Bevölkerung aufwerfen. Bisher hat die Sicherheit als Kultur in Israel gute Dienste geleistet. Unerwünschte Friedensverhandlungen mit den Palästinensern konnten durch den Verweis auf nicht zu erfüllende Sicherheitsbedingungen jederzeit abgebrochen werden. Diese Argumentation macht den Staat Israel auch immun gegen Kritik aus dem Ausland. Würde diese Möglichkeit zur Rechtfertigung durch einen dauerhaften Frieden im Nahen Osten wegfallen, müsste die israelische Gesellschaft über ein neues, alles überragendes Identifikationsmerkmal verfügen, um einem gesellschaftlichen Zerfall zu verhindern. Doch für die globalen Veränderungen im Nahen und Mittleren Osten, gekennzeichnet durch die historischen Umbrüche in Tunesien und Ägypten, der gewaltsamen Unterdrückung der Bevölkerungen in zahlreichen Nachbarstaaten Israels, dem Rückzug Amerikas aus dem Irak und Afghanistan und dem regionalen Aufstieg des Iran, hält der Sicherheitszaun keine

Lösungsmöglichkeiten bereit. Er ist und bleibt in seiner Funktion ausschließlich auf die israelische Gesellschaft ausgerichtet. Ein Zaun von vielen in Israel.

Bibliographie

Primärquellen

Friedensvertrag von Versailles. Artikel 1 bis 26. Völkerbundsatzung (28. Juni 1919), Artikel 22, in: http://www.documentArchiv.de/wr/vv01.html (04.03.2011).

Herzl, Theodor: Der Judenstaat, 12. Auflage, Zürich 1962.

Katholische Bibelanstalt (Hrsg.): Die Bibel. Altes und Neues Testament. Einheitsübersetzung, Stuttgart 1980.

International Court of Justice: Legal Consequences of the Construction of a Wall in the occupied Palestinian Territory, Den Haag 2004, in: http://www.icj-cij.org/docket/files/131/1677.pdf (04.03.2011).

International Court of Justice: Legal Consequences of the Construction of a Wall in the Occupied Palestinian Territory. Advisory Opinion, I. C. J. Reports 2004, in: http://www.icj-cij.org/docket/files/131/1671.pdf (04.03.2011), S. 136-203, S. 201.

Jabotinsky, Wladimir: The Ethics of the Iron Wall, in: http://www.mideast web.org/ironwall.htm (04.03.2011).

Ders.: The Iron Wall, in: http://www.mideastweb.org/ironwall.htm (04.03.2011).

Palästinamandat des Völkerbundes 1922, in: Dokumente der Zionistischen Politik, in: Seeds of Conflict, Series, vol. II.1, Liechtenstein 1974.

Rabin, Yitzhak: Rede vor der Knesset, 5. Oktober 1995, Jerusalem, in: http://www.mfa.gov.il/MFA/MFAArchive/1990_1999/1995/10/PM+Rabin+in+Knesset-+Ratification+of+Interim+Agree.htm (04.03.2011).

Resolution der Generalversammlung, ES-10/15, 2. August 2004, in: http://www.un.org/depts/german/gv-notsondert/ar-es10-15.pdf (04.03.2011).

Sharon, Ariel: Rede vor der Generalversammlung der Vereinten Nationen, 15. September 2005, New York, in: http://www.un.org/webcast/summit2005/statements15/isr050915eng.pdf (04.03.2011).

Sicherheitsrat der Vereinten Nationen: Resolution 242, 22. November 1967, in: http://www.un.org/Depts/german/sr/sr_67u73/sr242-67.pdf (04.03.2011).

Monographien

Achcar, Gilbert: The Arabs and the Holocaust: The Arab-Israeli War of Narratives, New York 2010.

Ansary, Tamim: Die unbekannte Mitte der Welt. Globalgeschichte aus islamischer Sicht. Lizenzausgabe für die Bundeszentrale für politische Bildung, Bonn 2010.

Arendt, Hannah; Bohnet, Heidi/Stadler, Klaus (Hrsg.): Denken ohne Geländer. Texte und Briefe, Lizenzausgabe für die Bundeszentrale für politische Bildung, Bd. 601, Bonn 2006.

Armstrong, Karen: Im Kampf für Gott. Fundamentalismus in Christentum, Judentum und Islam, München 2004.

Benbassa, Esther: Jude sein nach Gaza, Hamburg 2010.

Ben Gurion, David: Israel. Die Geschichte eines Staates, Frankfurt am Main 1973.

Benz, Wolfgang: Was ist Antisemitismus?, Lizenzausgabe für die Bundeszentrale für politische Bildung, Bd. 455, Bonn 2004.

Bregman, Ahron: A History of Israel, Basingstoke 2003.

Bunzl, John: Israel im Nahen Osten. Eine Einführung, Köln 2008.

Carter, Jimmy: Palästina – Frieden, nicht Apartheid, Neu-Isenburg 2010.

Croituru, Joseph: Hamas. Der islamische Kampf um Palästina, München 2007.

Dajan, Moshe: Die Mission meines Lebens. Bericht über die ägyptisch-israelischen Friedensverhandlungen 1977-1979, München 1981.

Flottau, Heiko: Die Eiserne Mauer. Palästinenser und Israelis in einem zerrissenem Land, Berlin 2009.

Gardner, David: Letzte Chance. Der Nahe und Mittlere Osten am Scheideweg, Lizenzausgabe für die Wissenschaftliche Buchgesellschaft, Darmstadt 2010.

Goldmann, Nahum: Staatsmann ohne Staat, Köln 1970.

Grossmann, David: Diesen Krieg kann keiner gewinnen. Chronik eines angekündigten Friedens, München 2003.

Halper, Jeff: Ein Israeli in Palästina. Widerstand gegen Vertreibung und Enteignung. Israel vom Kolonialismus erlösen, Berlin 2010.

Hauswaldt, Christian: Der Status von Palästina. Eine völkerrechtliche Untersuchung des territorialen Status, Baden-Baden 2009.

Hermann, Katja: Palästina in Israel. Selbstorganisation und politische Partizipation der palästinensischen Minderheit in Israel, Berlin 2008.

Horn, Christoph: Einführung in die Politische Philosophie, Darmstadt 2003.

Krautkrämer, Elmar: Krieg ohne Ende?, Israel und Palästinenser - Geschichte eines Konflikts, Darmstadt 2003.

Lochery, Neill: The Israeli Labour Party. In The Shadow of the Likud, London 1997.

Lozowick, Yaacov: Israels Existenzkampf. Eine moralische Verteidigung seiner Kriege. Lizenzausgabe für die Bundeszentrale für politische Bildung, Bd. 605, Bonn 2006.

Luyendijk, Joris: Wie im echten Leben. Von Bildern und Lügen in Zeiten des Krieges, 2. Auflage, Berlin 2007.

Maalouf, Amin: Mörderische Identitäten, Frankfurt am Main 2000.

Morris, Benny: Righteous Victims. A History of the Zionist-Arab Conflict, 1881-1999, New York 1999.

Osterhammel, Jürgen: Die Verwandlung der Welt. Eine Geschichte des 19. Jahrhunderts, München 2009.

Pappe, Ilan: A History of Modern Palestine. One Land, Two Peoples, Cambridge 2004.

Ders.: Die ethnische Säuberung Palästinas, Frankfurt am Main 2010.

Peres, Shimon: Die Versöhnung. Der neue Nahe Osten, Berlin 1993.

Ders.: Man steigt nicht zweimal in denselben Fluss. Politik heißt Friedenspolitik, München 1999.

Perthes, Volker: Geheime Gärten. Die neue arabische Welt. Lizenzausgabe für die Bundeszentrale für politische Bildung, Bd. 477, Bonn 2005.

Ders.: Orientalische Promenaden. Der Nahe und Mittlere Osten im Umbruch, Lizenzausgabe für die Bundeszentrale für politische Bildung, Bd. 575,Bonn 2006.

Primor, Avi /von Korff, Christiane: An allem sind die Juden und die Radfahrer schuld. Deutsch-jüdische Missverständnisse, München 2010.

Ders.: Terror als Vorwand. Die Sprache der Gewalt, Düsseldorf 2003.

Rabinovich, Itamar: Waging Peace: Israel and the Arabs, 1948-2003, Princeton 2004.

Rebenstorf, Hilke: Sozialer Wandel und demokratische Kultur. Eine explorative Studie mit Jugendlichen in Israel und der Westbank, Habilitationsschrift - Universität Hildesheim, Politische Soziologie, Bd. 22, Münster 2007.

Rosenthal, Donna: Die Israelis. Leben in einem außergewöhnlichen Land. Lizenzausgabe für die Bundeszentrale für politische Bildung, Bonn 2007.

Rotter, Gernot; Fathi, Schirin: Nahostlexikon. Der israelisch-palästinensische Konflikt von A-Z, Heidelberg 2001.

Rudorf, Alfred: Israel in Palästina. Wegweiser zur Lösung, Neu-Isenburg 2010.

Sand, Shlomo: Die Erfindung des jüdischen Volkes. Israels Gründungsmythos auf dem Prüfstand, Berlin 2010.

Ders.: Les mots et la terre, Paris 2006.

Shindler, Colin: A History of Modern Israel, Cambridge 2008.

Schreiber, Friedrich / Wolffsohn, Michael: Nahost. Geschichte und Struktur des Konflikts, 2. Auflage, Opladen 1989.

Schwarz, Hans-Peter: Das Gesicht des Jahrhunderts, Berlin 1998.

Segev, Tom: Die ersten Israelis. Die Anfänge des jüdischen Staates, München 2008.

Ders.: Es war einmal ein Palästina. Juden und Araber vor der Staatsgründung Israels, München 2005.

Ders.: 1967. Israels zweite Geburt. Lizenzausgabe für die Bundeszentrale für politische Bildung. Bonn 2007.

Shlaim, Avi: The Iron Wall. Israel and the Arab World, New York 2000.

Sykes, Christopher: Kreuzwege nach Israel, München 1967.

Tibi, Bassam: Krieg der Zivilisationen. Politik und Religion zwischen Vernunft und Fundamentalismus, Hamburg 1995.

Timm, Angelika: Israel. Geschichte des Staates seit seiner Gründung, 3. Auflage, Bonn 1998.

Watson, Geoffrey R.: The Oslo Accords. International Law and the Israeli-Palestinian Peace Agreements, Oxford 2000.

Watzal, Ludwig: Feinde des Friedens. Der endlose Konflikt zwischen Israel und den Palästinensern, Berlin 2001.

Weizman, Eyal: Sperrzonen. Israels Architektur der Besatzung, Hamburg 2009.

Wolffsohn, Michael: Wem gehört das Heilige Land? Die Wurzeln des Streits zwischen Juden und Arabern, München 1992.

Zenger, Erich (Hrsg.): Stuttgarter Altes Testament. Einheitsübersetzung mit Kommentar und Lexikon. Katholische Bibelanstalt, Stuttgart 2004.

Zertal, Idith: Israel's Holocaust and the Politics of Nationhood, Cambridge 2005.

Ders./Eldar, Akiva: Lords of the Land. The War for Israel's Settlements in the Occupied Territories. 1967-2007, New York 2007.

Zimmermann, Moshe: Die Angst vor dem Frieden. Das israelische Dilemma, Berlin 2010.

Ders.: Goliaths Falle. Israelis und Palästinenser im Würgegriff, Berlin 2004.

Ders.: Wende in Israel. Zwischen Nation und Religion, Berlin 1996.

Sammelbände

Eigmüller, Monika/Vobruba, Georg (Hrsg.): Grenzsoziologie. Die politische Strukturierung des Raumes, Wiesbaden 2006.

Dahme, Heinz-Jürgen/Rammstedt, Otthein: Georg Simmel. Schriften zur Soziologie, Frankfurt am Main 1983.

Faber, Richard/Naumann, Barbara (Hrsg.): Literatur der Grenze-Theorie der Grenze, Würzburg 1995.

Inglehart, Ronald (Hrsg): Human Values and Social Change. Findings from the Values Surveys. International Studies in Sociology and Social Anthropology, Bd. 89, Leiden 2003.

Pax Christi – Deutsches Sekretariat (Hrsg.): Naher Osten – Ferner Frieden?, Idstein 1997.

Aufsätze aus Sammelbänden

Algazy, Joseph: Grenzen. Mythen und Realität im israelisch-arabischen Konflikt, in: Faber, Richard; Naumann, Barbara (Hrsg.): Literatur der Grenze-Theorie der Grenze, Würzburg 1995, S. 237-252.

Anselm, Sigrun: Grenzen trennen, Grenzen verbinden, in Richard Faber/Barbara Naumann (Hrsg.): Literatur der Grenze-Theorie der Grenze, Würzburg 1995, S. 197-209.

Ben Gurion, David: Vorwort, in: Theodor Herzl: Der Judenstaat, 12. Auflage, Zürich 1962, S. 5-12.

Eigmüller, Monika: Der duale Charakter der Grenze. Bedingungen einer aktuellen Grenztheorie, in: Monika Eigmüller/Georg Vobruba (Hrsg.): Grenzsoziologie. Die politische Strukturierung des Raumes, Wiesbaden 2006, S. 55-74.

Horn, Eva: Partisan, Siedler, Asylant. Zur politischen Anthropologie des Grenzgängers, in: Monika Eigmüller/Georg Vobruba (Hrsg.): Grenzsoziologie. Die politische Strukturierung des Raumes, Wiesbaden 2006, S. 239-250.

Simmel, Georg: Der Raum und die räumlichen Ordnungen der Gesellschaft, in: Monika Eigmüller/Georg Vobruba (Hrsg.): Grenzsoziologie. Die politische Strukturierung des Raumes, Wiesbaden 2006, S. 15-23.

Ders.: Soziologie des Raumes, in: Heinz-Jürgen Dahme/Otthein Rammstedt: Georg Simmel. Schriften zur Soziologie, Frankfurt am Main 1983, S. 221-242.

Vobruba, Georg: Grenzsoziologie als Beobachtung zweiter Ordnung, in: Monika Eigmüller/Georg Vobruba (Hrsg.): Grenzsoziologie. Die politische Strukturierung des Raumes, Wiesbaden 2006, S. 217-225.

Wokart, Norbert: Differenzierung im Begriff „Grenze". Zur Vielfalt eines scheinbar einfachen Begriffs, in: Richard Faber/Barbara Naumann (Hrsg.): Literatur der Grenze – Theorie der Grenze, Würzburg 1995, S. 275-289.

Wollin, Amos: Israel – eine Gesellschaft im Wandel, in: Pax Christi – Deutsches Sekretariat (Hrsg.): Naher Osten – Ferner Frieden?, Idstein 1997, S. 17-22.

Yaar, Ephraim: Value Priorities in Israeli Society: An Examination of Ingelhart's Theory of Modernization and Cultural Variation, in: Ronald Inglehart (Hrsg): Human Values and Social Change. Findings from the Values Surveys. International Studies in Sociology and Social Anthropology, Bd. 89, Leiden 2003, S. 117-137.

Yahya, Adel: Die Mauer im Westjordanland, in: Heiko Flottau: Die Eiserne Mauer, S. 25-27.

Aufsätze in Zeitschriften

Amir, Eli: Keine Heiligen und keine Bösewichte, in: Aufbau, Jg.72 (2008) 5, S. 30-33.

Arian, Asher: Israeli Public Opinion on National Security, in: Jaffee Center for Strategic Studies, JCSS Memorandum Bd. 60, Tel Aviv 2001, in:http://www.inss.org.il/upload/%28FILE%291190277683.pdf. (04.03.2011).

Ders.: Israeli Public Opinion on National Security 2002, in: Jaffee Center for Strategic Studies, JCSS Memorandum Bd. 61, Tel Aviv 2002, in: http://www.inss.org.il/upload/%28FILE%291190277522.pdf (04.03.2011).

Ders.: Israeli Public Opinion on National Security 2003, in: Jaffee Center for Strategic Studies, JCSS Memorandum Bd. 67, Tel Aviv 2003, in: http://www.inss.org.il/upload/%28FILE%291190276735.pdf (04.03.2011).

Baskin, Gershon: Proposals for Walls and Fences, and their Consequences, in: Palestine-Israel Journal, Jg. 9 (2002) 3, in: http://www.pij.org/details.php?id=119 (04.03.2011).

Ben Meir, Yehuda/Shaked, Dafna: The People Speak: Israeli Public Opinion on National Security 2005-2007, in: Institute for National Security Studies, JCSS Memorandum Bd. 90, Tel Aviv 2007, in: http://www.humansecuritygateway.com/documents/INSS_IsraeliPublicOpinionNationalSecurity.pdf (04.03.2011).

Brom, Shlomo: The Security Fence. Solution or Stumbling Block?, in: Strategic Assessment, Jg. 6 (2004) 4, in: http://www.inss.org.il/publications. php?cat= 21&incat=&read=684 (04.03.2011).

Conze, Eckart: Sicherheit als Kultur, in: Vierteljahreshefte für Zeitgeschichte, Jg. 53 (2005) 3, S. 357-380.

Christal, Moty: Das Unvorhersehbare vorhersagen: Der künftige Weg des israelisch-palästinensischen Systems, in: Aus Politik und Zeitgeschichte, (2004) 20, S. 21-28.

Dombrowsky, Ines: Wasserkrise im Nahen Osten, in: Aus Politik und Zeitgeschichte, (2001) 48-49, S. 30-38.

Edmüller, Andreas: Rousseaus politische Gerechtigkeitskonzeption, in: Zeitschrift für philosophische Forschung, Jg. 56 (2002) 3, S. 365-387.

Elizur, Yuval: Israel Banks on a Fence, in: Foreign Affairs, Jg. 82 (2003) 2, S. 106-119.

Etkes, Dror: The Identity Conflict. Unilateralism and who is an Israeli, in: Palestine-Israel Journal, Jg. 13 (2006) 2, in: http://www.pij.org/details. php?id=822 (04.03.2011).

Frisch, Hillel: (The) Fence or Offense? Testing the Effectiveness of "The Fence" in Judea and Samaria, in: Mideast Security and Policy Studies, (2007) 75, in: http://www.biu.ac.il/Besa/MSPS75.pdf (04.03.2011).

Gold, Dore: Defensible Borders for Israel, in: Jerusalem Letter, 15.06.2003, in: http://www.jcpa.org/jl/vp500.htm (04.03.2011).

Ders.: Von „Besetzten Gebieten" zu „Umstrittenen Gebieten", in: Jerusalem Zentrum. Strategische Informationen zur Außen- und Sicherheitspolitik Israels, in: http://www.jerzentrum.org/ViewArticle.aspx?ArticleId=119 (04.03.2011).

Kotowski, Elke-Vera: Der Fall Dreyfus und die Folgen, in: Aus Politik und Zeitgeschichte, (2007) 50, S. 25-32.

Krautkrämer, Elmar: Der israelisch-palästinensische Konflikt, in: Aus Politik und Zeitgeschichte, (2002) 20, S. 3-13.

Lagerquist, Peter: Fencing the Last Sky: Excavating Palestine after Israel's "Separation Wall", in: Journal of Palestine Studies, Jg. 33 (2004) 2, S. 5-35.

Landau, Uzi: The Security Fence: An Imperative for Israel, in: Jerusalem Issue Brief, Jg. 3 (2004) 15, in: http://www.jcpa.org/brief/brief3-15.htm (08.06.2010).

Lustick, Ian: Abandoning the Iron Wall: Israel and "The Middle Eastern Muck", in: Middle East Policy, Jg. 15 (2008) 3, S. 30-56.

Makovsky, David: How to Build a Fence, in: Foreign Affairs, Jg. 83 (2004) 2, S. 50-64.

Messerschmid, Clemens: Israels Mauer und die Wasserressourcen, in: inamo (Informationsprojekt Naher und Mittlerer Osten e.V.), (2003) 34, S. 42-44.

Miles, William F. S. : Border Pedagogy in Israel, in: Middle East Journal, Jg. 65 (2011) 2, S. 253-277.

Pappe, Ilan: The Fence at the Heart of Palestine, in: Al-Ahram, (2002) Issue No. 594, in: http://weekly.ahram.org.eg/2002/594/op10.htm (04.03.2011).

Peretz, Don/Kook, Rebecca/Doron, Gideon: Knesset Election 2003: Why Likud Regained Its Political Domination and Labor Continued to Fade Out, in: Middle East Journal, Jg. 57 (2003) 4, S. 588-603.

Primor, Avi: Keine Lösung durch Gewalt, in: Aus Politik und Zeitgeschichte, (2002) 35-36, S. 9-15.

Rabinowitz, Dan: Borderline Collective Consciousness, in: Palestine-Israel Journal, Jg. 8 (2001) 4, in: http://www.pij.org/details.php?id=792 (08.06.2010).

Ders.: Borders and their Discontents: Israel's Green Line, Arabness and Unilateral Separation, in: European Studies, (2003) 19, in: http://online.ceu.hu/soc_ant/faculty/docs/rabinowitz/Rabinowitz%202003%20%20Green%20Line,%20Arabness%20and%20Sepertion%20%28ES%29.pdf (04.03.2011), S. 217-231.

Renger, Jochen / Thiele, Andreas: Politische Verteilungskonflikte um Wasserressourcen. Wassernutzung und Wasserverteilung im Jordanbecken. Israel und seine arabischen Nachbarn, in: Der Bürger im Staat, Jg. 46 (1995) 1, S. 74-82.

Rubin, Barry: Israel's New Strategy, in: Foreign Affairs, Jg. 85 (2006) 4, S. 111-125.

Schiffler, Manuel: Konflikte um Wasser. Ein Fallstrick für den Friedensprozess im Nahen Osten?, in: Aus Politik und Zeitgeschichte, (1995) 11, S. 13-21.

Schnell, Itzhak: The Unilateral Consensus in Israeli Society, in: Palestine-Israel Journal, Jg. 13 (2006) 2, in: http://www.pij.org/details.php?id=815 (04.03.2011).

Senfft, Alexandra: Wettbewerb der Katastrophen. Die psychologische Mauer zwischen Israelis und Palästinensern, in: Blätter für deutsche und internationale Politik, Jg. 56 (2011) 2, S. 105-112.

Ders.: Wider die "Kultur des Konlikts". Palästinenser und Israelis im Dialog, in: Aus Politik und Zeitgeschichte, (2010) 9, S. 3-8.

Shalit, Erel: Within Borders and without: The Interaction between Geopolitical and Personal Boundaries in Israel, in: Political Psychology, Jg. 8 (1987) 3, S. 365-378.

Shamir, Michael/Sagiv-Schifter, Tammy: Conflict, Identity, and Tolerance: Israel in the Al-Aqsa Intifada, in: Political Psychology, Jg. 27 (2006) 4, S. 569-595.

Tirza, Danny: The Strategic Logic of Israel's Security Barrier, in: Jerusalem Issue Brief, Jg. 5 (2006) 18, in: http://www.jcpa.org/brief/brief005-18.htm (04.03.2011).

Usher, Graham: Unmaking Palestine. On Israel, the Palestinians, and the Wall, in: Journal of Palestine Studies, Jg. 35 (2005) 1, S. 25-43.

Witzthum, David: Die israelisch-palästinensische Konfrontation und ihre Widerspiegelung in der öffentlichen Meinung Israels, in: Aus Politik und Zeitgeschichte, (2004) 20, S. 29-37.

Witzthum, David: Israels Medien in Zeiten der Not, in: Aus Politik und Zeitgeschichte, (2008) 17, S. 27-32.

Yehoshua, Abraham B.: Das schwierige Ringen um die Legitimität, in: Aufbau, Jg. 72 (2008) 5, S.10-15.

Gelber, Yoav: Ist Frieden zwischen Israelis und Palästinensern möglich?, in: Aus Politik und Zeitgeschichte, (2004) 20, S. 14-20.

Zertal, Idith: Sünde und Strafe: Israel und die Siedler, in: Aus Politik und Zeitgeschichte, (2008) 17, S. 20-26.

Zuckermann, Moshe: Eine Mauer wird errichtet, in: Aus Politik und Zeitgeschichte, (2002) 35-36, S. 25-29.

Zeitungsartikel

Beilin, Yossi: The Urgency of Constructing Peace, in: The New York Times, 18. April 2001, in: http://www.nytimes.com/2001/04/18/opinion/the-urgency-of-constructing-peace.html?Scp =9&sq=&st=nyt (04.03.2011).

Borgstede, Michael: Der antiterroristische Schutzwall, in: Freitag 20, 09.05.2003.

Brubacher, Matthew: Mauern gegen den Frieden, in: Le Monde diplomatique, Nr. 6905, 15.11.2002, S. 18.

Dachs, Gisela: Beton für Frieden, in: Die Zeit, 7. August 2003, in: http://www.zeit.de/ 2003/33/Zaun (04.03.2011).

Dies.: Die israelische Mauer, in: Die Zeit, 27. Juni 2002, in: http://www.zeit.de/ 2002/27/Die_israelische_Mauer (04.03.2011).

Jabotinsky, Wladimir: The Iron Wall, in: The Jewish Herald, 26.11.1937.

Müller, Burkhard: Mit den Augen des Adlers, in: Süddeutsche Zeitung, 23./24. Oktober 2010, S. 19.

Neve, Gordon: Can bad fences make good neighbours? Israel's separation wall is being used to annex territory, in: Guardian Weekly Pages, 29.05.2003, S. 22.

Primor, Avi: Am Anfang war das Happy End, in: Süddeutsche Zeitung, 5.9.2010, S.4.

Shavit, Ari: Survival of the Fittest? An Interview with Benny Morris, in: Haaretz, 16 Januar 2004, in: http://www.logosjournal.com/morris.htm (04.03.2011).

Schult, Christoph: Der Stellvertreter, in: Der Spiegel, Jg. 63 (2006) 13, S. 122-123, in: http://wissen.spiegel.de/wissen/image/show.html?did=4 6421547&aref=image036/ 2006/03/25/ROSP200601301220123. PDF&thumb=false (04.03.2011).

Ulrich, Stefan: Die Mauerspechte von Den Haag, in: Süddeutsche Zeitung, 09.07.2004.

Onlinematerialien

Amidror, Yaakov: Israel fordert sichere Grenzen, in: Jerusalem Zentrum. Strategische Informationen zur Außen- und Sicherheitspolitik Israels, in: http://jer-zentrum.org/ViewArticle.aspx?ArticleId=139 (04.03.2011).

Bunzl, John: Von Herzl zu Sharon?, in: http://www.palaestinensische-gemeinde.at/herzlsharon.shtml (04.03.2011).

CBS (The Israeli Central Bureau of Statistics): Statistical Abstract of Israel 2009 – No. 60, in: http://www1.cbs.gov.il/shnaton60/st_eng02.pdf (04.03.2011).

Helmreich, Jeffrey: Diplomatische und rechtliche Aspekte der Siedlungsfrage, in: Jerusalem Zentrum. Strategische Informationen zur Außen- und Sicherheitspolitik Israels, in: http://www.jer-zentrum.org/ViewArticle. aspx?ArticleId=163 (04.03.2011).

Yaar, Ephraim/Hermann, Tamar: Peace Index, in: http://www.tau.ac.il/peace/ (04.03.2011).

Abbildungsverzeichnis

Seite 24: Palästina-Plan der Zionisten
http://www.palaestina-stimme.de/archive/2003-02/palaestina-1919.jpg
(04.04.2011)

Seite 25: Israel Economy Activity
http://www.lib.utexas.edu/maps/atlas_middle_east/israel_econ.jpg
(04.04.2011)

Seite 27: Sykes-Picot Abkommen
http://tarihvemedeniyet.org/wp-content/uploads/2009/10/29-Sykes-Picot-Anlasmasi-1916-1024x941.png (04.04.2011)

Seite 28: Die biblischen Grenzen des Königreichs Davids und Salomons im 10. Jh. v. Chr.
http://www.jewishvirtuallibrary.org/jsource/History/davidmap.html
(04.04.2011)

Seite 29, 30 und 58: UN-Teilungsplan von 1947/Waffenstillstandslinien 1949/ Von Israel im Sechs-Tage-Krieg 1967 besetzte Gebiete/Der Trennungszaun und die israelischen Siedlungen
Aus: Noah Flug/Martin Schäuble: Die Geschichte der Israelis und Palästinenser, Lizenzausgabe für die Bundeszentrale für politische Stiftung, Bonn 2008, S. 175-177.

Seite 31: Der Allon-Plan
http://homepage.mac.com/oldtownman/20th/RN/USPics5/71620a.jpg
(04.04.2011)

Seite 32: Der Zaun im Norden von Gaza
http://www.mapc-web.de/archive/pic/palis/GazaMap2.jpg (04.04.2011)

Seite 35: Der Verlauf des Trennungszauns entlang des Westjordanlandes
Source: United Nations OCHA oPt

In der Schriftenreihe *Bonner Studien zum globalen Wandel*
sind bisher erschienen:

Nina Hürter
Is a mission shared a problem halved?
Grenzen und Perspektiven regionaler
Friedensmissionen im Auftrag der
Vereinten Nationen
(Band 1)
152 Seiten, 24,90 Euro, 2009
ISBN 978-3-8288-2125-5

Kathrin Kästle
African Justice for African Healing
Justice, Reconciliation and Traditional
Approaches in Rwanda
(Band 2)
153 Seiten, 24,90 Euro, 2009
ISBN 978-3-8288-2108-8

Marcell Moll
„Aufstand der Bürger"?
Die Ablehnung des Vertrages über eine
Verfassung für Europa durch die
niederländischen Wähler
(Band 3)
128 Seiten, 24,90 Euro, 2010
ISBN 978-3-8288-2146-0

Rosa Groezinger
Erfolgsmodell NAFTA?
Implikationen des
Regionalisierungsabkommens
für Mexiko
(Band 4)
142 Seiten, 24,90 Euro, 2010
ISBN 978-3-8288-2178-1

Jürgen Tischmacher
Die Entwicklungspolitik der mittel- und
osteuropäischen Länder nach dem
Beitritt zur EU.
Das Beispiel Polen
(Band 5)
130 Seiten, 24,90 Euro, 2010
ISBN 978-3-8288-2207-8

Christopher Sampson
Die Erdölpolitik der Volksrepublik
China im Spannungsfeld staatlicher und
unternehmerischer Interessen
(Band 6)
152 Seiten, 24,90 Euro, 2010
ISBN 978-3-8288-2230-6

Katrin Dobersalske
Die rot-grüne Energiewende.
Nachhaltige Energienutzung
in der Entwicklungszusammenarbeit
unter Rot-Grün
(Band 7)
168 Seiten, 24,90 Euro, 2010
ISBN 978-3-8288-2277-1

Marie-Luise Putschky
Migration im Zeichen der
Globalisierung.
Mexikanische Einwanderung in die USA
nach dem NAFTA-Abkommen
(Band 8)
193 Seiten, 24,90 Euro, 2010
ISBN 978-3-8288-2309-9

Sascha Czornohus
Unternehmerisches Engagement für
nachhaltige Entwicklung
Public Private Partnerships in der deutschen Entwicklungszusammenarbeit
(Band 9)
184 Seiten, 24,90 Euro, 2010
ISBN 978-3-8288-2381-5

Amira Müller
Entgrenzte Finanzwelt –
eine Herausforderung für Global
Financial Governance
(Band 10)
509 Seiten, 34,90 Euro, 2011
ISBN 978-3-8288-2556-7

Rebekka Hannes
Leader without Followers?
Die Akzeptanz der Führungsrolle
Südafrikas im südlichen Afrika
(Band 11)
121 Seiten, 24,90 Euro, 2011
ISBN 978-3-8288-2566-6

Simon Falke
Frieden am Zaun?
Israels Sicherheitskultur und die
Abgrenzung zum Westjordanland
(Band 12)
109 Seiten, 24,90 Euro, 2011
ISBN 978-3-8288-2733-2